Die Kultur der Maya

Ein fesselnder Überblick über die Geschichte der Maya von der olmekischen Herrschaft über das alte Mexiko bis zur Ankunft Hernán Cortés' und der spanischen Eroberung

© Copyright 2023

Alle Rechte vorbehalten. Kein Teil dieses Buches darf in irgendeiner Form ohne schriftliche Genehmigung des Autors reproduziert werden. Rezensenten dürfen in Besprechungen kurze Textpassagen zitieren.

Haftungsausschluss: Kein Teil dieser Publikation darf ohne die schriftliche Erlaubnis des Verlags reproduziert oder in irgendeiner Form übertragen werden, sei es auf mechanischem oder elektronischem Wege, einschließlich Fotokopie oder Tonaufnahme oder in einem Informationsspeicher oder Datenspeicher oder durch E-Mail.

Obwohl alle Anstrengungen unternommen wurden, die in diesem Werk enthaltenen Informationen zu verifizieren, übernehmen weder der Autor noch der Verlag Verantwortung für etwaige Fehler, Auslassungen oder gegenteilige Auslegungen des Themas.

Dieses Buch dient der Unterhaltung. Die geäußerte Meinung ist ausschließlich die des Autors und sollte nicht als Ausdruck von fachlicher Anweisung oder Anordnung verstanden werden. Der Leser / die Leserin ist selbst für seine / ihre Handlungen verantwortlich.

Die Einhaltung aller anwendbaren Gesetze und Regelungen, einschließlich internationaler, Bundes-, Staats- und lokaler Rechtsprechung, die Geschäftspraktiken, Werbung und alle übrigen Aspekte des Geschäftsbetriebs in den USA, Kanada, dem Vereinigten Königreich regeln oder jeglicher anderer Jurisdiktion obliegt ausschließlich dem Käufer oder Leser.

Weder der Autor noch der Verlag übernimmt Verantwortung oder Haftung oder sonst etwas im Namen des Käufers oder Lesers dieser Materialien. Jegliche Kränkung einer Einzelperson oder Organisation ist unbeabsichtigt.

Inhaltsverzeichnis

EINFÜHRUNG 1
TEIL EINS: DIE OLMEKEN UND VORKLASSISCHEN MAYA
(1400 V. CHR. - 250 N. CHR.) 4
   KAPITEL 1: SAN LORENZO TENOCHTITLAN: DIE STADT DER
   OLMEKEN 5
   KAPITEL 2: LA VENTA: DIE OLMEKISCHE INSELSTADT 15
   KAPITEL 3: DER NIEDERGANG DER OLMEKEN UND DIE
   EPI-OLMEKEN 28
   KAPITEL 4: DIE VORKLASSISCHE MAYA-ÄRA 34
TEIL ZWEI: DIE KLASSISCHE EPOCHE DER MAYA (250 - 900 N. CHR.) 45
   KAPITEL 5: DIE MAYA-GESELLSCHAFT DER KLASSISCHEN
   EPOCHE 46
   KAPITEL 6: TIKAL: DIE MAYA-STADT DES JAGUARGOTTES 64
   KAPITEL 7: CALAKMUL: DAS VERLORENE MAYA-REICH 75
   KAPITEL 8: DER ZUSAMMENBRUCH DER KLASSISCHEN ÄRA 85
   KAPITEL 9: CHICHÉN ITZÁ: DIE STADT DER WUNDER 90
TEIL DREI: DIE POSTKLASSISCHE MAYA-ÄRA (900 - 1511 N. CHR.) 99
   KAPITEL 10: DAS QUICHÉ KÖNIGREICH Q'UMARKAJ 100
   KAPITEL 11: DIE LIGA VON MAYAPÁN 104
   KAPITEL 12: PETÉN ITZÁ: DAS LETZTE KÖNIGREICH DER
   MAYA 108
TEIL VIER: DER KONTAKT MIT DEN SPANIERN UND DIE
EROBERUNG (1511 - 1697 N. CHR.) 114

KAPITEL 13: DIE ERSTEN ZUSAMMENTREFFEN UND DIE
ERFORSCHUNG YUCATÁNS 115
KAPITEL 14: HERNAN CORTES UND PEDRO DE ALVARADO 122
KAPITEL 15: EROBERUNG DER CHIAPAS 131
KAPITEL 16: EROBERUNG DER HALBINSEL YUCATÁN 138
KAPITEL 17: DIE LETZTEN EROBERUNGEN 144
SCHLUSSBEMERKUNG... 146
SCHAUEN SIE SICH EIN WEITERES BUCH AUS DER REIHE
ENTHRALLING HISTORY AN. 149
LITERATURVERZEICHNIS 150

Einführung

Die Maya sind eine der faszinierendsten Kulturen der mesoamerikanischen Geschichte, deren monumentale Architektur und unverwechselbare Kunstwerke noch heute bestaunt werden. Während die populären Medien die Maya oft als primitive Völker dargestellt haben, deren Kultur sich um grausame Menschenopfer drehte, waren sie auf dem Höhepunkt ihrer Macht eine der fortschrittlichsten Kulturen der Welt.

Dieses Buch soll den Leser über die wirklichen Gegebenheiten der Maya-Kultur informieren, von ihren Anfängen an der Golfküste bis zur Ankunft der spanischen Konquistadoren auf der Halbinsel Yucatán. Obwohl niemand jemals wirklich das Ausmaß der Geschichte und Kultur der Maya verstehen wird, nutzt dieses Buch eine Vielzahl von Quellen, um einen allgemeinen Überblick über die zeitliche Entwicklung der Kultur zu geben.

Im ersten Teil werden die Olmeken vorgestellt, die oft als „Mutterkultur" der nachfolgenden mesoamerikanischen Hochkulturen bezeichnet werden. Dabei behandeln wir ihre atemberaubenden architektonischen und künstlerischen Leistungen sowie ihre politischen und wissenschaftlichen Fortschritte. Diese Kapitel konzentrieren sich hauptsächlich auf die olmekischen Städte San Lorenzo und La Venta sowie die epi-olmekische Stadt Tres Zapotes. Im abschließenden Kapitel des ersten Teils wird die vorklassische Maya-Periode behandelt: eine Zeit enormer Veränderungen und enormem Wachstums im Kernland der Maya, während die olmekische Gesellschaft im Niedergang begriffen war.

Der zweite Teil befasst sich mit der klassischen Maya-Periode, als die Maya-Kultur die dominierende Kraft in Mittelamerika war. Zunächst wird die städtische Maya-Gesellschaft der Klassik betrachtet. Dabei geht es um ihren faszinierenden religiösen Glauben, ihr Konzept von Zeit und vieles mehr. Diese Kapitel konzentrieren sich hauptsächlich auf die beiden größten Städte des Maya-Tieflandes während der klassischen Epoche, Tikal und Calakmul. Der Zusammenbruch der klassischen Maya-Stadtstaaten und die vielen Theorien über die Gründe für diesen Zusammenbruch werden ebenso behandelt wie der Aufstieg der Städte im nördlichen Yucatán, namentlich Chichén Itzá.

Der dritte Teil befasst sich mit der postklassischen Periode, als sich die Bevölkerung und die politische Herrschaft der städtischen Zentren im Tiefland über die Region Yucatán ausbreiteten. Dabei werden die Quiché-Maya im Hochland, die Liga von Mayapán im Norden Yucatáns und das Königreich Petén Itzá im Tiefland behandelt. Dadurch erhält der Leser eine gute Vorstellung davon, wie die Maya-Gesellschaft bei der Ankunft der spanischen Konquistadoren aussah.

Der vierte Teil befasst sich mit den Jahrzehnten der spanischen Eroberung, die die Region Yucatán erfasste. Dabei werden die zahlreichen Konquistadoren, ihre Expeditionen und ihre Auswirkungen auf die lokale Maya-Bevölkerung behandelt.

Obwohl dieses Buch den Anspruch erhebt, umfassend zu sein, werden sicherlich viele große Städte und Aspekte des Lebens der Maya ausgelassen. Der Text ist jedoch ein guter Ausgangspunkt für Leser, die mehr über eine der größten Zivilisationen der Welt erfahren möchten.

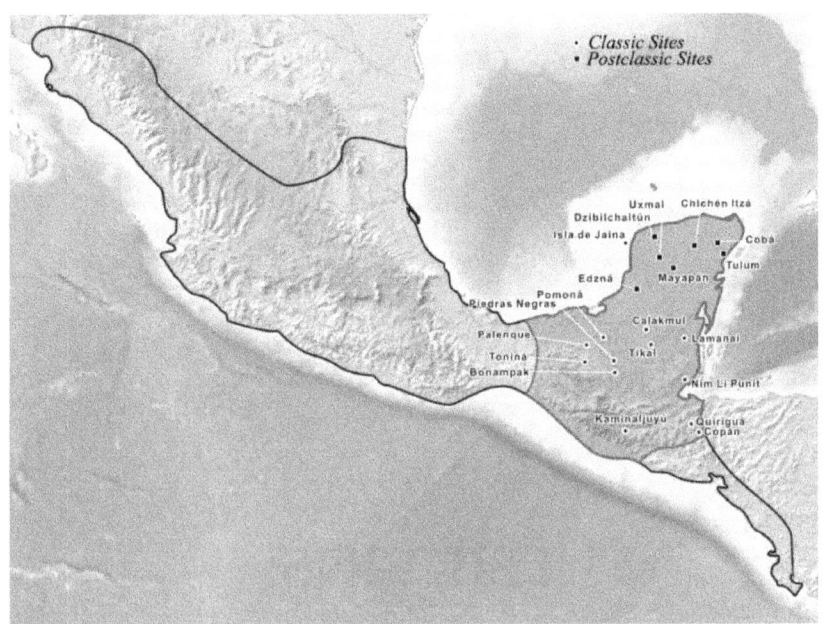

Kmusser, CC BY-SA 3.0 <http://creativecommons.org/licenses/by-sa/3.0/>, via Wikimedia Commons https://commons.wikimedia.org/wiki/File:Mayamap.png

TEIL EINS:
DIE OLMEKEN UND VORKLASSISCHEN MAYA
(1400 v. Chr. - 250 n. Chr.)

Kapitel 1: San Lorenzo Tenochtitlan: Die Stadt der Olmeken

Die Olmeken gelten weithin als die erste Zivilisation Mesoamerikas und als eine der bedeutendsten „Mutterkulturen", aus denen sich später die großen Kulturen der Maya und Azteken entwickeln sollten. Bis zum 13. Jahrhundert v. Chr. bestand das alte Mesoamerika größtenteils aus kleinen, primitiven Dörfern, die über ganz Mittelamerika verstreut waren. Die Olmeken entwickelten sich weit über die Grenzen einer primitiven steinzeitlichen Zivilisation hinaus und wurden schließlich das dominierende Volk der Golfküstenregion im Süden Mexikos.

Die Olmeken waren außergewöhnliche Bildhauer und ihre Kunst hatte großen Einfluss auf die mesoamerikanischen Kulturen, die nach ihnen in Mittelamerika entstanden. Die Skulpturen und die Architektur der Olmeken haben sich als unverzichtbar für das Verständnis ihrer alten Kultur erwiesen, da diese steinernen Artefakte zu den einzigen Spuren der Olmeken gehören, die überlebt haben. Sie waren nicht nur begabte Bildhauer und Kunsthandwerker, sondern erwiesen sich auch als hervorragende Verwalter, Landwirte und Diplomaten.

Die Olmeken bauten primitive Bauerndörfer aus und schufen große landwirtschaftliche Stadtzentren, in denen fortschrittliche Bewässerungs- und Anbaumethoden angewandt wurden. Das erste dieser Stadtzentren war San Lorenzo Tenochtitlan, das rund 60 Kilometer vom Golf von

Mexiko entfernt im heutigen Bundesstaat Veracruz liegt. (Diese Stadt ist nicht zu verwechseln mit der aztekischen Hauptstadt Tenochtitlan, die erst viele Jahrhunderte später entstand).

Die gelben Punkte zeigen bekannte olmekische Dörfer und Städte. Die roten Punkte markieren Orte, an denen Artefakte oder Kunstwerke gefunden wurden, die nicht mit einer Besiedlung in Verbindung gebracht werden können.

Madman2001 CC BY-SA 3.0 <http://creativecommons.org/licenses/by-sa/3.0/>, via Wikimedia Commons https://commons.wikimedia.org/wiki/File:Olmec_Heartland_Overview_4.svg

San Lorenzo gilt als die erste hoch entwickelte olmekische Stadt und war die bei weitem wohlhabendste Stadt der Region während der Frühen Präklassik (1800-900 v. Chr.) der mesoamerikanischen Geschichte. Die Stadt wurde zur vorherrschenden Macht in der Golfküstenebene und trug dazu bei, dass sich die olmekische Kultur weit in andere mesoamerikanische Gesellschaften verbreitete.

Die olmekische Gesellschaft blühte in der Region schon Hunderte von Jahren vor der Gründung von San Lorenzo. Die nahegelegene Stätte El Manatí war seit 1600 v. Chr. besiedelt und florierte als kleine Küstenstadt. Die archäologische Untersuchung der Stätte zeigt, dass die Olmeken um 1450 v. Chr. begannen, in der Gegend von San Lorenzo zu siedeln, das sich zunehmend zu einem großen Dorf entwickelte.

Doch erst mit dem Aufstieg von San Lorenzo zur führenden Macht der Region im 12. Jahrhundert v. Chr. wurden Jagd- und Sammelmethoden, Landwirtschaft, die ausgeprägte olmekische Kultur und administrative

Fähigkeiten zu einem fortschrittlichen mesoamerikanischen Stadtzentrum vereint.

Die Stadt hatte eine sozioökonomische politische Struktur, die stark an die antiken Stadtstaaten in Europa und Asien erinnerte und aus einer Oberschicht von Landbesitzern und einer bäuerlichen Arbeiterklasse bestand. Die ausgedehnten Handelsnetze, die die Wirtschaft der Stadt mit anderen mesoamerikanischen Gemeinschaften in der gesamten Region verbanden, trugen wesentlich zur Verbreitung verschiedener Kulturen in ganz Mittelamerika bei.

Zwischen 1150 und 900 v. Chr. erlebte San Lorenzo den Höhepunkt seiner Vorherrschaft in der Region, bis es schließlich von der nahe gelegenen Olmekenstadt La Venta als regionale Macht abgelöst wurde. Zu Beginn des 9. Jahrhunderts v. Chr. war ein Großteil der Bevölkerung von San Lorenzo in andere Regionen gezogen. Obwohl die Stadt später wieder besiedelt wurde, erreichte sie nie wieder den Wohlstand, den sie einst besaß. Viele Wissenschaftler vermuten, dass diese Massenabwanderung und der Exodus der Bevölkerung von San Lorenzo den Grundstein für die Maya-Zivilisation legten, die die Region Jahre später beherrschen sollte.

Die ersten Ausgrabungen in San Lorenzo begannen 1945 durch Mathew Stirling und Philip Drucker, die vom Smithsonian Institute und der National Geographic Society finanziert wurden. Stirling legte viele der ersten Überreste der Olmekenstadt frei und überraschte die archäologische Fachwelt mit der Feststellung, dass die Stadt zu einer alten Kultur gehörte, die den Maya vorausging.

Die meisten seiner Funde stammten jedoch aus der Zeit zwischen 600 und 400 v. Chr., also lange nach der Blütezeit der Stadt. Im Jahr 1966 leitete Michael Coe das Yale University Project in den Ruinen der Stadt, und es wurden umfangreiche Ausgrabungsprojekte durchgeführt, die die wahre Zeitachse der Olmekenstadt zeigten. Das archäologische Projekt San Lorenzo Tenochtitlan leitet seit 1990 die Ausgrabungen in der Stadt und hat im Zuge seiner Arbeit Tausende von Artefakten, Monumenten und Siedlungsmustern entdeckt.

Stadtlandschaft

Die Stadt befand sich in einer der größten Küstenregionen Mesoamerikas. Sie wurde auf einer knapp 50 Meter hohen Anhöhe erbaut und war von einer Ebene umgeben, in der es zahlreiche Flussläufe und Wasserquellen gab. Die Lage der Stadt auf einer Anhöhe erhöhte die

Bevölkerungsdichte erheblich, da die Menschen aus den Feuchtgebieten in die Stadt zogen, um Überschwemmungen zu entgehen. Der zentrale Bereich der Stadt umfasste etwa 140 Hektar, und man schätzt, dass die Olmeken zwischen 50.000 und 2.000.000 Kubikmeter Erde mit Körben transportierten, um die Stadt zu erbauen.

Schätzungsweise 5.500 Menschen könnten in der unmittelbaren Stadt gelebt haben, während 13.000 Menschen die gesamte umliegende Region bevölkert haben könnten. Während der Blütezeit der Stadt kontrollierte sie einen Großteil des Coatzacoalcos-Flussbeckens. Viele Gebiete nördlich und östlich der Stadt genossen jedoch eine beträchtliche Autonomie gegenüber dem Einfluss von San Lorenzo, darunter auch die Stadt La Venta.

Fischfang, Jagen und Sammeln in den Überschwemmungsgebieten an der Küste der Stadt waren die Hauptquelle für den Lebensunterhalt der Stadtbevölkerung während ihres anfänglichen Aufstiegs zur Macht. Snooks war der wichtigste Fisch, den die Fischer von San Lorenzo fingen, und Wassertiere machten etwa 60 % des Fleischkonsums der Stadt aus. Die Stadt ernährte sich aber auch von vielen nicht aquatischen Arten wie Hirschen, Vögeln, Hunden und Kaninchen.

Während die Stadtbevölkerung anfangs den größten Teil ihrer Nahrung aus den Ressourcen des Auenlandes bezog, verlegte sie sich in der Frühen Präklassik zunehmend auf die Landwirtschaft. Schätzungsweise 78 Quadratkilometer des Gebiets waren für den Anbau von Mais, der wichtigsten Kulturpflanze der Olmeken, reserviert. Die Einwohner der Stadt konnten jedes Jahr 500 Tonnen Mais produzieren und damit etwa 5.500 Menschen ernähren. Ein Großteil der Landwirtschaft bestand aus dem Anbau von Mais, aber auch Bohnen und Maniok - ein verholzter Strauch, der auch als Yuca bekannt ist - wurden in der gesamten Region angebaut.

Die landwirtschaftlich genutzten Flächen der Stadt waren aufgrund der starken Regenfälle in der Region und der reichen Böden, die von der Golfküste und ihren zahlreichen Wasserquellen genährt wurden, sehr fruchtbar. Der Wettbewerb um diese fruchtbaren Böden führte zu einer Konkurrenz zwischen den Einwohnern der Stadt, die den Grundstein für die sozioökonomische Zusammensetzung von San Lorenzo legte. Durch diesen Wettbewerb bildete sich in der Stadt eine Oberschicht von Landbesitzern heraus, und das Wirtschaftssystem von San Lorenzo spiegelte zunehmend die Systeme vieler europäischer und asiatischer

Königreiche wider.

Während die herrschende Oberschicht auf dem Hochplateau der Stadt residierte, lebte der Großteil der Bevölkerung am Hang des Plateaus. Die herrschende Klasse lebte in großen Häusern, die auf Plattformen aus Lehm gebaut waren, und viele der charakteristischen Statuen der Stadt umgaben ihre Häuser.

Der „Rote Palast", der der Führungsschicht der Stadt vorbehalten war, bestand aus Erdböden und Wänden, die mit Sand verputzt und mit Hämatit gefärbt waren. Der Palast war ein Komplex, der fünf verschiedene Gebäude und eine große Werkstatt für Basaltskulpturen umfasste. Andere Häuser der Oberschicht waren aus Basalt, Ton, Kalkstein oder Lehm gebaut.

Außerhalb von San Lorenzo standen viele andere nahe gelegene Siedlungen und Dörfer unter dem direkten Einfluss der Stadt. Die nahe gelegenen Siedlungen Tenochtitlán und Potrero Nuevo wurden von Bauern und Landwirten bewohnt, die einen wichtigen Teil der landwirtschaftlichen Produktion der Stadt ausmachten. Diese kleinen Dörfer wurden höchstwahrscheinlich von der Oberschicht der Stadtbevölkerung regiert. Die kleineren Gemeinden dienten nicht nur der landwirtschaftlichen Produktion, um die Bevölkerung der Stadt zu ernähren, sondern auch als militärische Garnisonen für die Verteidigung der Stadt.

Das zeigt, dass San Lorenzo viel mehr war als eine olmekische Ackerbürgerstadt. Auf dem Höhepunkt seiner Macht wurde San Lorenzo zu einem regionalen Imperium, das sein Umland nutzte, um sich weiter zu stärken.

Die Ingenieure der Stadt schufen auch ein ausgeklügeltes Entwässerungssystem. Ein hufeisenförmiges Drainagesystem aus steinernen Rohren leitete das Wasser ein und aus. Einige Hinweise deuten darauf hin, dass Wasser in der olmekischen Kultur einen zeremoniellen und religiösen Wert hatte, da viele dieser Wassersysteme mit spirituellen Inschriften und Objekten verziert waren. Die Stadt baute auch Deiche, um Überschwemmungen an den Flüssen Potrero Nuevo und El Azuzul zu verhindern.

Skulpturen

Die Stadt ist in der Archäologie berühmt für die vielen Steinstatuen und -skulpturen, die in den Ruinen der Stadt gefunden wurden. Die berühmtesten Exemplare dieses Stils werden „Kolossalköpfe" genannt.

San Lorenzo Kolossalkopf 3. Dieser besondere Kopf wiegt etwa 9 Tonnen und misst 1,72 m Höhe und 1,60 m Breite.
Maribel Ponce Ixba (frida27ponce), CC BY 2.0 <https://creativecommons.org/licenses/by/2.0>, via Wikimedia Commons https://commons.wikimedia.org/wiki/File:San_Lorenzo_Monument_3_crop.jpg

Die größte dieser Statuen war 2,75 m hoch, einige wogen bis zu 28 Tonnen. Die Köpfe wurden in der Regel mit Kopfbedeckungen dargestellt, die den Helmen des American Football des frühen 20. Jahrhunderts ähneln.

Man vermutet, dass diese Statuen übernatürliche Wesen der olmekischen Religion, Führer der Stadt oder verehrte Vorfahren der Familien der Stadt darstellen. Archäologen haben viele dieser Skulpturen auf dem Gebiet von San Lorenzo entdeckt, und es wird vermutet, dass noch viele weitere in der Region verstreut sind. Die Archäologie hat gezeigt, dass die Stadt Schauplatz vieler Zeremonien und Rituale war, und diese Skulpturen waren ein wichtiger Bestandteil davon.

Noch beeindruckender als die Köpfe selbst ist die Methode, mit der sie errichtet wurden. Wie viele andere olmekische Artefakte wurden sie aus Basaltgestein gehauen. Die Erbauer der Statuen reisten in die 40 Meilen entfernten Tuxtla-Berge, um Basalt aus dem Vulkan Cerro Cinotepeque zu holen. Man nimmt an, dass die Steine zum Fluss Coatzacoalcos geschleppt wurden, wo sie auf einem Floß in die Stadt transportiert wurden. Dies zeugt von der großen technischen Entwicklung der Olmeken, da dies keine leichte Aufgabe gewesen sein dürfte.

Die Bildhauer der Stadt schufen nicht nur riesige Kopfskulpturen, sondern auch kleinere Darstellungen von Tieren aus der Region. Zu Beginn des Aufstiegs der Stadt zur regionalen Macht wurden in den Kunstwerken der Olmeken häufig Tiere verwendet, was darauf hinweisen könnte, dass die Tierwelt eine wichtige Rolle in ihrer Spiritualität spielte. Die Bildhauer der Olmeken schufen einen besonderen Stil von Figuren, die einen Hybriden aus Jaguar und Mensch darstellten. Töpferwaren aus Ton wurden in allen Haushalten von San Lorenzo hergestellt und verwendet, und archäologische Funde deuten darauf hin, dass Keramik in großem Umfang aus der Stadt exportiert wurde.

Ein Heranwachsender präsentiert ein Jaguarmenschen-Baby. Die Skulptur ist 56 Zentimeter groß und ist die größte bekannte Grünsteinskulptur.
Mag2017, CC BY-SA 4.0 <https://creativecommons.org/licenses/by-sa/4.0>, via Wikimedia Commons https://commons.wikimedia.org/wiki/File:Se%C3%B1or_de_las_limas_2.jpg

Die Bildhauer- und Keramikwerkstätten wurden von der Oberschicht betrieben, und die Kunstwerke dienten vor allem dazu, die Autorität der höchsten Bürger von San Lorenzo zu legitimieren und zu erhalten. Die Skulpturen wurden strategisch in der ganzen Stadt an Eingängen, großen Plätzen und vor den Häusern der Oberschicht aufgestellt.

Die Einwohner von San Lorenzo waren eifrige Händler und trieben häufig Handel mit benachbarten Städten und Siedlungen. Obsidian, der hauptsächlich zum Bau von Waffen und landwirtschaftlichen Geräten verwendet wurde, wurde aus neun verschiedenen mesoamerikanischen Quellen im Hochland von Südmexiko und Guatemala bezogen.

Olmekische Töpferwaren, die in der Stadt hergestellt wurden, sind an archäologischen Stätten in ganz Mittelamerika gefunden worden, insbesondere im Bundesstaat Chiapas an der heutigen Grenze zwischen Mexiko und Guatemala. In der Tat wurden in der Fundstätte Canton Corralito in Chiapas mehr olmekische Gegenstände gefunden als in der Stadt San Lorenzo selbst. Die Stadt exportierte diese Objekte hauptsächlich, da in San Lorenzo keine Beweise dafür gefunden wurden, dass die Stadt Töpferwaren oder andere keramische Objekte aus anderen Kulturen importierte.

Die meisten Skulpturen wurden um 900 v. Chr. zerstört oder beschädigt, dem Zeitraum, in dem der steile Niedergang der Stadt begann. Zwar sind sich die Experten über den genauen Grund für den Niedergang nicht einig, aber die Zerstörung der Skulpturen könnte entweder auf die Eroberung der Stadt durch eine Invasionsmacht oder auf die Aufgabe der Stadt durch die Bevölkerung hindeuten, die damit symbolisch alles zerstörte, wofür sie stand.

Ein vogelförmiges Keramikgefäß. Beachten Sie den roten Ocker (ein Tonpigment). Dieses Stück wurde zwischen dem 13. und 9. Jahrhundert v. Chr. datiert. Es ist im Metropolitan Museum of Art, New York, USA, zu sehen.
Metropolitan Museum of Art, CC0, via Wikimedia Commons
https://commons.wikimedia.org/wiki/File:Bird_Vessel_MET_DP23080.jpg

Niedergang

Von 1400 bis 900 v. Chr. erlebte San Lorenzo den Höhepunkt seiner Macht in der Region, aber von 900 bis 400 v. Chr. begann die Bevölkerung zu schrumpfen, da die Menschen zunehmend aus der Stadt abwanderten. Von 300 bis 50 v. Chr. ging die Bevölkerung noch weiter zurück, bis die Stadt fast menschenleer war. Von 800 bis 1000 n. Chr. wurde die Stadt schließlich wieder spärlich besiedelt, erreichte aber nie auch nur annähernd wieder das Niveau von einst.

Experten sind sich weitgehend einig, dass die Stadt im 10. Jahrhundert v. Chr. unterging und von La Venta als regionaler Macht abgelöst wurde, doch die Ursache für diesen raschen Niedergang ist unbekannt. Die archäologischen Funde zeigen, dass ab etwa 900 v. Chr. in der Stadt keine Steinmonumente oder andere Großbauten mehr errichtet wurden. In diesem Zeitraum ging die Bevölkerung des zentralen Plateaus der Stadt um unglaubliche 57 % zurück.

Manche vermuten, dass sie von einer rivalisierenden Stadt eingenommen wurde oder aufgrund von Umweltveränderungen verfallen ist. Die Verlagerung der nahe gelegenen antiken Flüsse weg von der Stadt könnte die lebenswichtigen Handelsnetze der Stadt empfindlich gestört haben, und eine Dürre, die zur Zeit des Niedergangs auftrat, könnte zu einem Rückgang der Ernteerträge geführt haben.

Neuere Forschungen haben gezeigt, dass die Stadt während der gesamten Frühen Präklassik hauptsächlich von ihrer Küstenlage lebte. Das Jagen und Sammeln im Überschwemmungsgebiet brachte viele Außenstehende in die Stadt, trug zum Bevölkerungswachstum bei und schuf ein politisches System, das die Elite nutzte, um die Stabilität in der Region zu erhalten. Als sich die Bevölkerung jedoch zunehmend auf die Landwirtschaft verließ, geriet dieses System möglicherweise ins Wanken.

Der Niedergang von San Lorenzo wurde höchstwahrscheinlich nicht durch ein einzelnes katastrophales Ereignis verursacht, sondern eher durch sich verändernde Umstände, die die Bevölkerung dazu veranlassten, woanders hinzuziehen. Die Oberschicht der Stadt verließ sich auf die Abhängigkeit der Bevölkerung von der Versorgung aus dem Überschwemmungsgebiet, um ihre Kontrolle über die Bevölkerung aufrechtzuerhalten, und dieses System der Abhängigkeit wurde möglicherweise durch die zunehmende Abhängigkeit von der Landwirtschaft zerschlagen, als die Bevölkerung mehr und mehr in isolierte Bauerndörfer im Hochland zog.

Einige Wissenschaftler glauben, dass dies ein Hinweis darauf sein könnte, dass die Bevölkerung der Stadt von ihrer Regierung zunehmend desillusioniert war und mehr als bereit war, aus San Lorenzo wegzuziehen, als sich die Gelegenheit bot. Andere vermuten, dass die Einwohner der Stadt einfach mehr Möglichkeiten sahen, in abgelegenen ländlichen Gebieten oder in anderen umliegenden Siedlungen wie La Venta zu leben, die zunehmend wohlhabender wurden als San Lorenzo.

Obwohl San Lorenzo nach 900 v. Chr. nie wieder zu einer dominierenden Stadt in der Region aufstieg, legte sie den Grundstein für die vielen mesoamerikanischen Städte, die nach ihr entstanden. Der Erfolg der Stadt als regionale Macht während der Frühen Präklassik zeigte, dass sich die ständig wachsenden Entwicklungen der mesoamerikanischen Technologie, Kultur und Verwaltung nicht länger auf die primitive Dorfgesellschaft der Steinzeit beschränken ließen. Der Tod von San Lorenzo als regionale Macht an der Golfküste markierte den Beginn der mesoamerikanischen Hochkultur im alten Mittelamerika.

Kapitel 2: La Venta: Die olmekische Inselstadt

Der Niedergang von San Lorenzo um 900 v. Chr. markierte den Aufstieg der benachbarten Stadt La Venta zur Macht in der Region. La Venta sollte während der Mittleren Präklassik (900-400 v. Chr.) der mesoamerikanischen Geschichte ein halbes Jahrtausend lang die Region beherrschen, bevor auch sie von einem Großteil ihrer Bevölkerung verlassen wurde.

Während der Mittleren Präklassik verbreiteten sich die Einflüsse der Stadt San Lorenzo in ganz Mittelamerika, da überall in der mesoamerikanischen Gesellschaft größere Siedlungen und städtische Zentren entstanden. Die zunehmende Abhängigkeit von der Landwirtschaft bedeutete, dass der mesoamerikanische Lebensunterhalt nicht mehr vom Jagen und Sammeln abhing, und der Besitz von fruchtbarem Land begann, die Machtstrukturen der Region zu verändern.

Mit dem Wachstum dieser Städte entstanden sozioökonomische Klassenstrukturen, und die Oberschicht der Städte verlangte zunehmend nach Luxusartikeln, darunter alles von Steinfiguren bis hin zu Serpentinblöcken. Dies führte zu einer explosionsartigen Entwicklung des olmekischen Kunsthandwerks, und viele Mitglieder der städtischen Oberschicht gründeten Werkstätten, um diese Gegenstände in Massen zu produzieren. Handelsnetze in der gesamten Region wurden immer häufiger genutzt, da die Nachfrage nach diesen Gegenständen dazu führte, dass sich die Städte auf bestimmte Produkte spezialisierten, während sie andere importierten.

Die Siedlungen wuchsen nicht nur durch die höhere Bevölkerungsdichte, sondern auch durch die zunehmende Verankerung der olmekischen Kultur in der Region, da diese städtischen Zentren zu Keimzellen für eine Vielzahl mesoamerikanischer kultureller Einflüsse wurden. Keine andere Stadt veranschaulicht diese Explosion der olmekischen Kultur während der Mittleren Präklassik besser als die Stadt La Venta.

Viele Archäologen glauben, dass La Venta die größte olmekische Stadt des alten Mesoamerikas war, sowohl was die Bevölkerung als auch ihren Einfluss betrifft. Im Vergleich zur Ausgrabungsstätte von San Lorenzo deuten die Ausgrabungen in La Venta darauf hin, dass die Stadt die religiösen Zeremonien viel tiefer in die Bevölkerung hineintrug. Die Priester der Stadt hatten in La Venta enorme Macht und nutzten häufig Rituale und religiöse Lehren, um die Kontrolle über die Bevölkerung zu behalten. In der Stadt befand sich die erste Pyramide Mesoamerikas, die Menschen aus der ganzen Region anzog, um an den religiösen Zeremonien teilzunehmen.

Die Große Pyramide in La Venta. Sie ist etwa 34 Meter hoch und mit etwa 100.000 Kubikmetern Erde gefüllt. Sie ist vollständig von Menschenhand erbaut. Es wird vermutet, dass die Olmeken sie errichteten, um einen Berg darzustellen, den sie als heilig betrachteten und den sie für ihre religiösen Zeremonien nutzten.
https://commons.wikimedia.org/wiki/File:La_Venta_Pir%C3%A1mide_cara_poniente.jpg

Man nimmt an, dass die Stadt erstmals 1750 v. Chr. besiedelt wurde und allmählich an Bevölkerung zunahm, bis der Fall von San Lorenzo um 900 v. Chr. ihre regionale Vormachtstellung markierte. Die Stadt La Venta lag auf der größten Schwemmlandebene Mexikos, und ihr Gebiet umfasste die Gegend zwischen den Flüssen Mezcalapa und Coatzacoalcos im heutigen mexikanischen Bundesstaat Tabasco. Die Stadt selbst befand sich auf einer fünf Quadratkilometer großen Insel in einem Küstensumpf des Golfs von Mexiko.

Die Stadt lag in unmittelbarer Nähe zu vier verschiedenen Ökosystemen: Marschland, Mangrovensümpfen, tropische Wälder und dem Ozean. Dies bot den Bewohnern eine Vielfalt an Flora und Fauna, die sie in der gesamten Region jagen und sammeln konnten, auch wenn die Landwirtschaft im Laufe der Mittleren Präklassik zunehmend die Stadt dominierte. Die Bewohner von La Venta machten die Tiere des Überschwemmungsgebiets zu einem wichtigen Bestandteil ihrer Ernährung und bauten in den Uferzonen der Region zunehmend Mais an. Die Stadt verfügte über ausgedehnte Handelsnetze in der gesamten Region, denn Archäologen haben Beweise für kleine Militärgarnisonen in nahe gelegenen Regionen gefunden, die den Handel der Stadt schützten.

Die Wissenschaftler sind sich nicht sicher, wie viel des umliegenden Gebiets unter der direkten Kontrolle von La Venta stand. Es wird vermutet, dass die Siedlung Arroyo Pesquero (20 km südlich) und die Siedlung Arroyo Sonso (ca. 35 km südöstlich) von der Regierung von La Venta kontrolliert worden sein könnten.

Wie San Lorenzo hatte die Stadt eine komplexe Gesellschaft mit verschiedenen Berufen und sozioökonomischen Gruppen. In La Venta herrschte eine außergewöhnliche gesellschaftliche Segregation, da die Elite an Zeremonien in Teilen der Stadt teilnehmen durfte, die der übrigen Bevölkerung verwehrt waren. Der größte Teil der Stadtbevölkerung lebte relativ weit vom Zentrum der Stadt entfernt. Ein Großteil der Stadtbevölkerung lebte in der nahe gelegenen Siedlung San Andres und anderen benachbarten Städten und Dörfern.

Die Stadt selbst wurde größtenteils aus Erde und Lehm sowie aus Basalt erbaut, der aus dem nahe gelegenen Tuxtla-Gebirge herangeschafft wurde. Auch in La Venta wurden vier große „Kolossalkopf"-Skulpturen aus Basalt gefunden, die denen von San Lorenzo sehr ähnlich sind.

Auch bekannt als Monument Eins. Es wurde etwa hundert Meter südlich der Großen Pyramide gefunden und kann heute in Villahermosa besichtigt werden. Dieser besondere Kopf ist etwa drei Meter hoch und man nimmt an, dass er zwischen 800 und 700 v. Chr. geschaffen wurde.
Glysiak, CC BY-SA 4.0 <https://creativecommons.org/licenses/by-sa/4.0>, via Wikimedia Commons https://commons.wikimedia.org/wiki/File:Olmeca_head_in_Villahermosa.jpg

Ausgrabungen

Frans Blom und Oliver La Farge veröffentlichten erstmals 1925 während einer von der Tulane University finanzierten Expedition Einzelheiten über die Stadt. Ursprünglich dachten sie, sie hätten eine Maya-Stadt entdeckt, bis die Radiokarbondatierung ergab, dass es sich um eine ältere Olmekenstadt handelte. Aufgrund der Lage im dichten Dschungel dauerte es viele Jahre, bis Experten erkannten, dass die verschiedenen Überreste der Stätte alle zu einer Stadt gehörten.

Mathew Stirling und Philip Drucker leiteten in den 1940er Jahren die ersten Ausgrabungen an diesem Ort. Diese ersten Ausgrabungen wurden von der Smithsonian Institution und der National Geographic Society finanziert. Die von Stirling veröffentlichten Arbeiten über seine Funde in La Venta trugen wesentlich zum Verständnis der Kultur der Olmeken bei.

Die National Geographic Society finanzierte 1955 erneut eine Expedition unter der Leitung von Philip Drucker, Robert Heizer und Robert Squier, die sich speziell mit den Gräbern und Plätzen von Komplex A befasste. Druckers Team entdeckte eine Vielzahl von Artefakten, darunter Reste von olmekischer Keramik und Jadeschmuck. Außerdem erstellten sie einige der ersten Karten der Stadt, in denen sie sie in bestimmte Zonen einteilten. Das Team fand insgesamt 53 verschiedene Opfergaben, die von kleinen, mit Keramik gefüllten Gräbern bis zu massiven unterirdischen Gruben mit großen Serpentinblöcken reichten.

Anfang der 1960er Jahre war der größte Teil der Stadt noch immer nicht ausgegraben, und viele Archäologen waren der Meinung, dass die mexikanische Regierung keine ausreichenden Anstrengungen zum Schutz der Stätte unternahm. Illegale Ausgrabungen, die nicht von Fachleuten beaufsichtigt wurden, sowie die Einrichtung eines Standortes eines Ölunternehmens in der Stadt bedrohten die künftige Arbeit der Archäologen erheblich.

In den 1960er Jahren finanzierte die National Geographic Society weitere Ausgrabungen, und 1967 wurde entdeckt, dass die von den Archäologen kartierte Form der Stadt aufgrund des dichten Dschungelbewuchses, der einen großen Teil des Geländes bedeckte, völlig falsch gewesen war. Das Ausgrabungsteam nahm auch zahlreiche Kohlenstoffproben, um zu beweisen, dass die Bewohner der Stadt bereits vor der Maya-Zivilisation lebten.

Das Instituto Nacional de Antropologia e Historia führte in den 1980er Jahren umfangreiche Ausgrabungen durch. Dabei ging es vor allem darum, die Stadt genau zu kartieren und einen Schutzwall zu errichten, der die Stätte schützen sollte. Seit den 1980er Jahren wird die Stätte von La Venta kontinuierlich ausgegraben und hat sich zu einer der am besten erforschten archäologischen Stätten Amerikas entwickelt, obwohl sie immer noch vielen Gefahren ausgesetzt ist, die weitere sorgfältige Ausgrabungen behindern könnten.

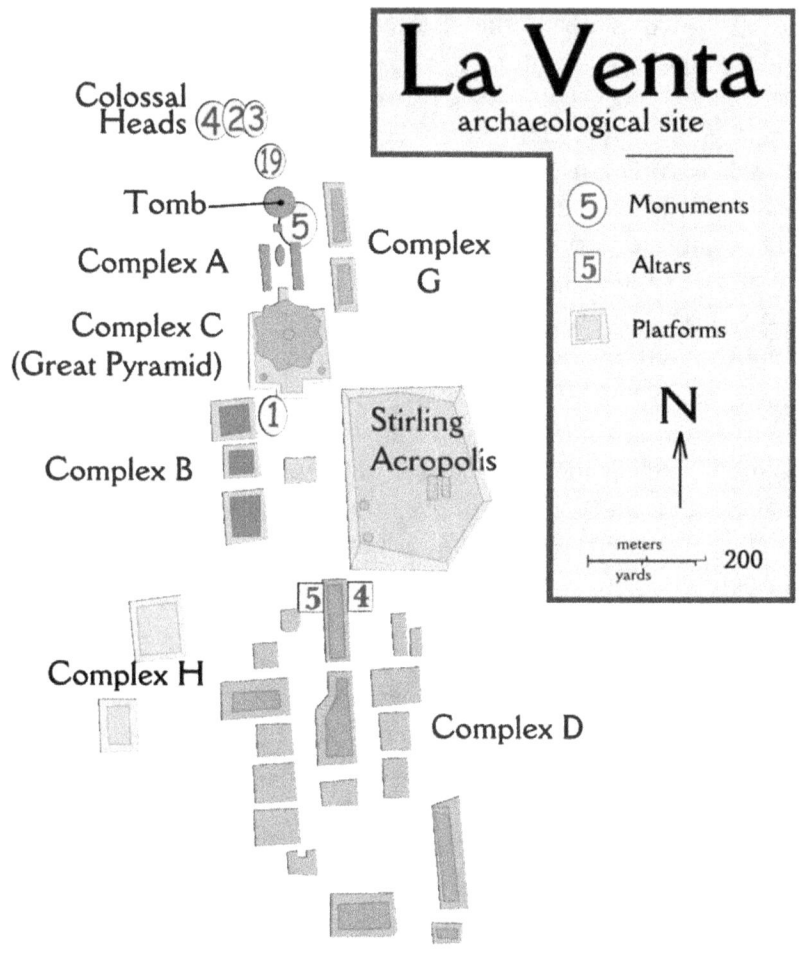

Der Lageplan von La Venta.
No machine-readable author provided. MapMaster assumed (based on copyright claims)., CC BY-SA 3.0 <http://creativecommons.org/licenses/by-sa/3.0/>, via Wikimedia Commons https://commons.wikimedia.org/wiki/File:La_Venta_site_plan.png

Im Jahr 2009 wurden 23 verschiedene Skulpturen in der Stadt von Mitgliedern einer mexikanischen evangelikalen Kirche beschädigt, die spirituelle Rituale durchführten, bei denen sie Salzwasser, Traubensaft und Öl über die Skulpturen gossen, darunter auch die vier Kolossalköpfe der Stadt. Nach diesem Vorfall wurde die mexikanische Regierung von der mexikanischen Bevölkerung dazu gedrängt, strengere Schutzgesetze zu erlassen.

Der Grundriss der Stadt

Das Zentrum der Stadt war für die Häuser der Oberschicht reserviert. Es umfasste außerdem einen heiligen Bereich, der der herrschenden Klasse vorbehalten war, die große Pyramide und die Plätze im Süden der Insel.

Zahlreiche Altäre, Grabhügel, Skulpturen und Gräber, die von Ausgräbern in La Venta gefunden wurden, zeigen, dass die Stadt für die Olmeken in der Region eine große zeremonielle Bedeutung hatte. Das Zentrum der Stadt diente als großer zeremonieller Bereich mit einer Vielzahl von Hügeln, Plattformen und Gräbern, die alle in die gleiche Richtung zeigten, nämlich acht Grad westlich von Norden. Dieser zentrale Bereich wurde von Archäologen in vier verschiedene Zonen unterteilt.

Im nördlichsten Komplex A umgeben zahlreiche Zeremonialhügel zwei große Plätze, die nur von der Oberschicht der Stadt genutzt wurden. Reihen großer Basaltsäulen trennten diese Plätze der Oberschicht vom Rest der Stadtbevölkerung.

In dieser Gegend gibt es außerdem zahlreiche Gräber, die für verstorbene Herrscher errichtet wurden. Darin wurden zahlreiche Jadeschmuckstücke und Spiegel aus Eisenerz gefunden. Die Gegenstände, die in diesem Gebiet hinterlassen wurden, gehören zu den wertvollsten Fundstücken der frühen mesoamerikanischen Geschichte. Leider haben aufgrund des feuchten Klimas an der Golfküste nur wenige Knochen die Jahrhunderte überlebt. Das hat es erschwert, genau zu verstehen, welche Art von Menschen in diesen Gräbern bestattet wurden.

Im Vergleich zu anderen Hügeln und Plätzen der späteren mesoamerikanischen Gesellschaft waren die von La Venta zwar nicht besonders groß, aber sie waren außergewöhnlich gut konstruiert und fein ausgearbeitet. Die meist aus Lehmziegeln errichteten Plattformen, die sich überall auf dem Platz befanden, waren vielfarbig und bestanden größtenteils aus gefärbtem Sand und Ton.

Im Komplex A wurden fünf Opfergaben aus großen Serpentinblöcken (die importiert wurden) in den Gräbern verstorbener Herrscher gefunden. In vielen dieser Gräber wurden große Pflastermosaike vergraben, die mit mehrfarbigem Ton verziert waren, und man vermutet, dass sie zur Darstellung spiritueller Bilder verwendet wurden.

Eines der ausgegrabenen Mosaike. Es misst etwa 4,6 Meter mal 6 Meter und besteht aus fast fünfhundert Serpentinblöcken.
Ruben Charles, (http://www.rubencharles.com), CC BY 2.0
<https://creativecommons.org/licenses/by/2.0>, via Wikimedia Commons
https://commons.wikimedia.org/wiki/File:La_Venta_Mosaic_(Ruben_Charles).jpg

An der Ostseite des öffentlichen Platzes von Komplex B befindet sich die Stirling-Akropolis, eine große Plattform, die für öffentliche Zeremonien und Reden genutzt wurde. Am westlichen Rand von Komplex B wurden außerdem drei kleine Grabhügel gefunden.

Im Komplex C befindet sich das zum Zeitpunkt seiner Errichtung höchste Bauwerk Mesoamerikas. Die 33 Meter hohe Große Pyramide, die sich im Zentrum der Stadt befindet, wurde fast vollständig aus Lehm gebaut, und auf ihrem höchsten Punkt wurden zahlreiche Gräber und Altäre gefunden. Von diesem Punkt aus konnte man die gesamte Umgebung überblicken, einschließlich des Tuxtla-Gebirges, aus dem die Stadt den Großteil ihres Basalts bezog.

Man glaubt, dass auf diesem Gipfel viele Rituale und Zeremonien abgehalten wurden, da Berge im Glaubenssystem der Olmeken als heilig galten. Heute ähnelt er aufgrund der jahrhundertelangen Winderosion eher einem großen Hügel, aber ursprünglich war er als rechteckige Pyramide mit gestuften Terrassen an den Seiten errichtet worden.

Südlich der Pyramide befand sich der Platz, der für Zeremonien für die breite Bevölkerung bestimmt war. In der Mitte des Platzes befand sich eine große Plattform, auf der Reden gehalten und Rituale vor einer großen Menschenmenge abgehalten wurden.

Über Komplex D, in dem sich offenbar die Regierungsgebäude der Stadt befanden, ist wenig bekannt. In diesem Komplex wurden zwanzig Grabhügel gefunden, und ein weiterer großer Platz wurde in diesem Komplex im Süden der Stadt entdeckt.

Die archäologischen Funde in La Venta zeigen, dass sich der Stil der Kunstwerke in der Stadt allmählich veränderte: von Rundskulpturen, die denen in San Lorenzo stark ähnelten, zu Reliefskulpturen, die allmählich einen für La Venta eigenen Stil bildeten.

Man nimmt an, dass die in La Venta gefundenen Kolossalköpfe in der Zeit des Niedergangs von San Lorenzo entstanden sind, was darauf hinweisen könnte, dass es in dieser Übergangszeit zu einer erheblichen gegenseitigen Befruchtung der Kunststile kam. Ein weiterer Skulpturenstil, der sich in dieser Zeit durchsetzte, war die Darstellung von auf großen Thronen sitzenden Figuren, von denen viele die Herrscher der Stadt darzustellen schienen.

Die Skulpturen der Stadt spiegeln in hohem Maße das Glaubenssystem der Olmeken wider, denn überall in der Stadt finden sich zahlreiche Darstellungen heiliger Naturmerkmale wie Berge und Süßwasserquellen. Auch Götterfiguren, oft in Form von Tier-Mensch-Hybriden, sind überall in der Stadt zu finden.

Auch sieben Altäre aus Basaltgestein wurden in der Stadt gefunden. Die Altäre 4 und 5 waren beide mit Figuren verziert, die eine spirituelle Gottheit oder einen Herrscher der Stadt dargestellt haben könnten. Altar 4 zeigt eine Figur, die sich in einer Höhle oder im Maul einer fiktiven Kreatur befindet. Altar 5 zeigt eine Figur, die ein verstorbenes Mensch-Jaguar-Hybridbaby hält. Während manche behauptet haben, dass dies ein Zeichen für olmekische Kinderopfer ist, glauben andere, dass es eine Art Schöpfungsgeschichte beschreibt.

Alexander Wetmore, CC0, via Wikimedia Commons
https://commons.wikimedia.org/wiki/File:Matthew_and_Marion_Stirling_in_Veracruz,_Mexico.jpg

Viele der Details auf diesen Altären sind durch die jahrhundertelange Erosion verblasst, aber sie alle haben eindeutig eine wichtige spirituelle Komponente. Wissenschaftler glauben, dass diese Altäre eigentlich Throne waren, auf denen die Führer der Stadt bei Zeremonien und Ritualen saßen.

Artefakte

Die mesoamerikanischen Wissenschaftler sind sich zwar immer noch nicht über die genauen religiösen Praktiken und den Glauben der Olmeken im Klaren, doch die in La Venta gefundenen Artefakte haben viele Hinweise auf ihren spirituellen Glauben geliefert. Auf Steinen, Gegenständen oder Gräbern wurden viele markante Symbole gefunden, die auf Symbole der olmekischen Religion hinweisen könnten. In der ganzen Stadt wurden außerdem zahlreiche Darstellungen von Gottheiten gefunden, oft mit hybriden Mensch-Tier-Merkmalen.

Ein Relief aus La Venta. Dies ist die früheste bekannte Darstellung einer gefiederten Schlange. Sie wurde auf 1400 bis 400 v. Chr. datiert.
Audrey and George Delange, Attribution, via Wikimedia Commons
https://commons.wikimedia.org/wiki/File:La_Venta_Stele_19_(Delange).jpg

Jade galt als das begehrteste Objekt der mesoamerikanischen Führungsschicht. Jade war in der Region nicht nur sehr schwer zu finden, sondern auch schwierig zu Schmuck zu verarbeiten. Um eine einzige Jadeperle herzustellen, musste ein hochqualifizierter Schmuckmacher viele Stunden damit verbringen, das Gestein zu sägen und zu formen. Allein im Komplex A wurden über 3.000 Jadeobjekte gefunden.

Archäologen haben viele Skelette gefunden, die mit Zinnober überzogen und mit Spiegeln aus Obsidian begraben waren, die in der mesoamerikanischen Kultur als Zeichen eines hohen Status verwendet wurden. Die weite Verbreitung dieser Gegenstände in Gräbern und anderen Grabstätten an den zentralen Punkten der Stadt zeigt den immensen Reichtum, den die Führungsschicht der Stadt genossen hatte. Es ist klar, dass sich in La Venta die sozioökonomische Kluft zwischen der herrschenden Klasse und der bäuerlichen Klasse stark vergrößert hatte, und diese Ungleichheit des Reichtums spielte eine entscheidende Rolle in den kulturellen und religiösen Praktiken von La Venta.

Das Erbe von La Venta

San Lorenzo und La Venta wiesen viele Gemeinsamkeiten auf, was darauf hindeutet, dass mit den Menschen auch viele Einflüsse von San Lorenzo nach La Venta gewandert sind, als die Stadt unterging. Beide Städte hatten sehr ähnliche Skulpturen, Keramiken und Bauwerke, darunter auch die „Kolossalköpfe". Sie erlitten auch ein ähnliches Schicksal, da die Bevölkerung der Stadt um 400 v. Chr. begann, die Stadt zu verlassen.

Während San Lorenzo die erste Hauptstadt einer fortgeschrittenen mesoamerikanischen Gesellschaft war, war La Venta die erste wirklich städtische mesoamerikanische Gesellschaft. La Venta wies eine Komplexität auf, die jede andere mesoamerikanische Stadt der damaligen Zeit in den Schatten stellte. Am wichtigsten ist vielleicht, dass sich La Venta als eine der hilfreichsten Stätten für Archäologen erwiesen hat, die versucht haben, die olmekische Kultur zu verstehen.

Während der Mittleren Präklassik war die Stadt La Venta nicht nur ein Bevölkerungszentrum, sondern auch ein kulturelles Zentrum der Region, in dem sich die kulturellen Überzeugungen und Praktiken der Menschen festigten. Während des goldenen Zeitalters von La Venta spiegelten die massiven Bauprojekte, die in der ganzen Stadt durchgeführt wurden, die schnell wachsende Kultiviertheit der mesoamerikanischen Gesellschaft wider. Die Verbreitung von Sakral- und Luxusgegenständen in der Führungsschicht der Stadt sowie die Art und Weise, wie das Glaubenssystem der Olmeken in die Landschaft der Stadt eingebettet war, stehen in starkem Kontrast zu den kleinen Jäger- und Sammlerdörfern, die die Region nur wenige Jahrhunderte zuvor ausmachten.

Am Ende der Mittleren Präklassik wurde deutlich, dass sich die mesoamerikanische Gesellschaft rasch in eine zunehmend urbane, vernetzte Zivilisation verwandelte, die sich auf besondere kulturelle Praktiken und Glaubensvorstellungen stützte. Es wurde jedoch bald klar, dass die olmekische Zivilisation das sich rasch verändernde kulturelle Klima Mesoamerikas nicht völlig unversehrt überstehen würde.

Während sich die Archäologen in vielen Bereichen der kulturellen Praktiken, der Spiritualität und des täglichen Lebens der Olmeken noch nicht einig sind, hat La Venta viele Aspekte der sich verändernden mesoamerikanischen Landschaft während der Mittleren Präklassik beleuchtet. Obwohl die Stadt einen ähnlich mysteriösen Niedergang wie San Lorenzo erlebte, sollte sie für immer die zentrale archäologische Stätte der olmekischen Kultur und vielleicht die letzte große Stadt des olmekischen Volkes bleiben.

Kapitel 3: Der Niedergang der Olmeken und die Epi-Olmeken

Zwischen 400 und 350 v. Chr. ging die olmekische Bevölkerung in den Städten an der Golfküste drastisch zurück. Wissenschaftler sind sich noch nicht einig, warum die olmekische Zivilisation zusammenbrach. Viele glauben, dass veränderte Umweltfaktoren die Ursache waren, die die Lebensgrundlage der olmekischen Gemeinschaften, die vollständig von den Ernteerträgen abhängig waren, zerstört haben könnten.

Eine Veränderung der Flussläufe in der Region könnte sowohl die landwirtschaftlichen Betriebe als auch den regionalen Handel gestört haben. Die Veränderung der Flussläufe kann auf natürliche Weise oder durch die landwirtschaftlichen Praktiken der Olmeken verursacht worden sein, die die Flüsse verschlammen ließen. Andere Experten glauben, dass die Entvölkerung der Region durch vulkanische Aktivitäten verursacht wurde.

Um 400 v. Chr., als die olmekische Gesellschaft in der Region im Niedergang begriffen war, begann die Epi-Olmekische Kultur in der westlichen Region des olmekischen Kernlandes zu wachsen. Mit dem Aufstieg der Epi-Olmeken gingen zwar viele deutliche Merkmale der olmekischen Kultur verloren, doch die meisten Wissenschaftler sind sich einig, dass es sich dabei um eine Transformation der olmekischen Kultur und nicht um einen direkten Bruch mit ihr handelte.

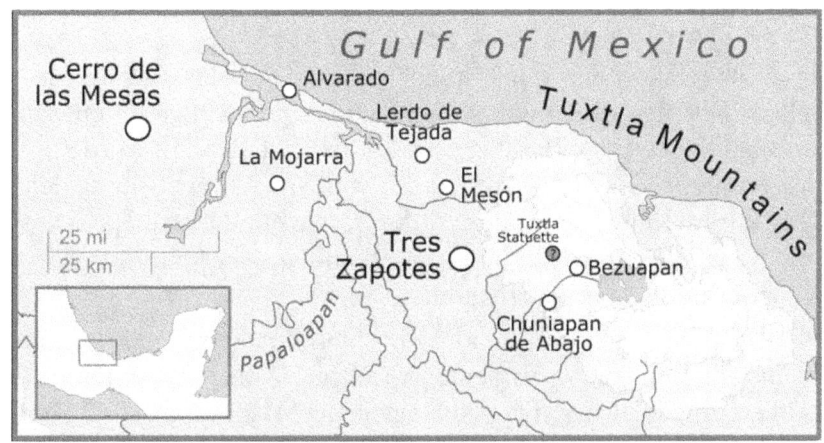

Bedeutende Epi-Olmekische Stätten.
Madman2001, CC BY-SA 3.0 <https://creativecommons.org/licenses/by-sa/3.0>, via Wikimedia Commons https://commons.wikimedia.org/wiki/File:Epi-Olmec_cultural_area.svg

In der Späten Präklassik, die den Aufstieg der Epi-Olmeken kennzeichnete, kam es zu einem starken Rückgang von Handel und Gewerbe in den mesoamerikanischen Gesellschaften. Auch die Kunst der Epi-Olmeken war der olmekischen Kunst von La Venta und San Lorenzo weit unterlegen. Die Skulpturen, die in Epi-Olmekischen-Siedlungen wie Tres Zapotes gefunden wurden, waren viel weniger detailliert und weniger sorgfältig ausgearbeitet als die traditionelle olmekische Kunst, was darauf hindeutet, dass das Kunsthandwerk in ihrer Gesellschaft eine weitaus geringere Rolle spielte.

Während sich ein Großteil der großen olmekischen Kunst der Epi-Olmekischen-Vorgänger auf die Darstellung ihrer Herrscher konzentrierte, widmeten die Künstler der Epi-Olmeken einen Großteil ihrer Arbeit der Darstellung historischer Ereignisse. In dieser Zeit begannen die Kunstwerke und Inschriften, die an den Epi-Olmekischen-Stätten gefunden wurden, zunehmend ein Datum zu tragen, was bei ihren Vorgängern praktisch unbekannt war.

Diese Inschriften verwendeten größtenteils die Isthmus-Schrift, das früheste Schriftsystem Mesoamerikas, das bis 500 v. Chr. zurückreicht. Die Schrift weist viele Merkmale der Maya-Schrift auf, die Jahrhunderte später Verwendung finden sollte. Man geht davon aus, dass die Schrift ihren Ursprung an der Landenge von Tehuantepec hatte und durch kulturelle Verbreitung und Handelsnetze an der Golfküste in die olmekischen Städte gelangte.

Tres Zapotes

Die größte Stadt der Epi-Olmeken, Tres Zapotes, befand sich im westlichen Teil des olmekischen Kernlandes im heutigen Veracruz auf dem westlichen Teil der Bergkette Los Tuxtlas. Die Stadt wurde um 900 v. Chr., etwa zur Zeit des Niedergangs von San Lorenzo, besiedelt und erreichte ihren Höhepunkt während des 5. Jahrhunderts v. Chr. Die Stadt war bis weit über das 4. Jahrhundert hinaus bewohnt, verlor aber allmählich ihre Macht in der Region.

Tres Zapotes war ein idealer Standort für eine blühende Olmekenstadt, da sie von einer Vielzahl von Ökosystemen und Ressourcen umgeben war. Die nahe gelegenen Wälder im Hochland und die Sümpfe im Tiefland erwiesen sich als hervorragende Jagdgebiete und versorgten die Stadt gleichzeitig mit zahlreichen natürlichen Ressourcen wie Holz. Die nahe gelegene Gebirgskette verschaffte der Stadt außerdem Zugang zu Basaltgestein, das für die Errichtung von Monumenten verwendet werden konnte.

Tres Zapotes profitierte auch stark vom Fluss Arroyo Hueyapan, der direkt durch die Stadt floss. Während der goldenen Ära der Olmeken war die Stadt einer der großen Handelsknotenpunkte der Olmeken an der Golfküste, und es gibt Hinweise darauf, dass die Stadt mit anderen Zivilisationen von Nord-Guatemala bis Zentralmexiko Handel trieb. Die Ausbreitung des Handels in der Region ging jedoch während der Epi-Olmekischen-Ära drastisch zurück.

Ab 400 v. Chr. begann in der Stadt der Übergang von der traditionellen Olmeken- zur Epi- Olmeken-Kultur. Die architektonischen und künstlerischen Errungenschaften der Stadt stellten die von San Lorenzo und La Venta in den Schatten, und die Epi-Olmeken vollbrachten große Leistungen im mesoamerikanischen Kalender- und Schriftsystem, das immer ausgefeilter wurde.

Im Gegensatz zu den gut angebundenen Handelsrouten von La Venta und San Lorenzo war Tres Zapotes kein zentraler Knotenpunkt der mesoamerikanischen Handelsnetze während der Epi-Olmekenzeit. Einige Experten glauben, dass der Rückgang des olmekischen Handels durch die Kakaopflanze verursacht wurde, da viele Handelswege auf die Kakaohändler der Maya umgeleitet wurden. Die Epi-Olmeken handelten auch viel weniger mit Luxusartikeln der Oberschicht wie Jade und Obsidian, was darauf hindeutet, dass der materielle Reichtum der städtischen Oberschicht stark zurückging oder die Epi-Olmeken gezwungen waren, ihren Schwerpunkt vom Handel in der Region auf den Lebensunterhalt und das Überleben zu verlagern.

Bauwerke

In der archäologischen Stätte von Tres Zapotes wurden über 150 Gebäude gefunden, von denen die meisten irgendwann zwischen 400 v. Chr. und 200 n. Chr. errichtet wurden. Während olmekische Städte in der Regel einen zentralen Platz oder Hof im Stadtzentrum hatten, war die Anlage von Tres Zapotes viel verstreuter und weitläufiger. Viele der berühmtesten Bauwerke der Stätte wurden weit außerhalb des Stadtzentrums gefunden.

Die Wohnstätten der herrschenden Elite waren ebenfalls dezentral angeordnet, mit mehreren königlichen Bereichen, die über die Stätte verteilt waren. Dies könnte darauf hindeuten, dass das System von mehreren Familien oder Fraktionen und nicht von einem einzigen Regierungsorgan regiert wurde.

In der Nähe der Ruinen der Stadt wurden zwei Kolossalköpfe gefunden, die allerdings viel kleiner sind als die in San Lorenzo und La Venta. Die in der Stadt gefundenen Skulpturen verdeutlichen diesen Wandel, bei dem sich traditionelle religiöse Darstellungen allmählich in eher weltliche historische Darstellungen verwandelten.

Monument A aus Tres Zapotes. Es ist etwa 1,50 m hoch und 1,50 m breit. Es wiegt fast acht Tonnen.
HJPD, CC BY-SA 3.0 <https://creativecommons.org/licenses/by-sa/3.0>, via Wikimedia Commons
https://commons.wikimedia.org/wiki/File:Tres_Zapotes_Monument_A.jpg

Die Stele C, eines der berühmtesten Bauwerke von Tres Zapotes, enthält die Inschrift eines der mächtigen Herrscher der Stadt, der als jaguarähnliche Figur dargestellt ist. Noch wichtiger ist jedoch, dass die Stele ein Datum aus dem Kalender der Langen Zählung enthält. Während sich der Kalender im gesamten olmekischen Kernland allmählich entwickelte, war Tres Zapotes eine der ersten Städte, in der ein Datum in die Architektur eingemeißelt wurde. Dieser Kalender wurde bald zu einem zentralen Bestandteil des mesoamerikanischen Lebens und zu einem der bestimmenden Merkmale der Maya-Zivilisation.

Mitte des 3. Jahrhunderts n. Chr. lösten die umliegenden Siedlungen Cerro de las Mesas und Remojadas Tres Zapotes als dominierende Städte in der Region ab. Im Gegensatz zu den beiden vorangegangenen Städten kam es in Tres Zapotes nicht zu einer plötzlichen Entvölkerung der Stadt. Die Stadt blieb bis 900 n. Chr. bewohnt, löste sich aber nach und nach von den olmekischen Einflüssen und ging in die klassische Kultur von Veracruz über.

Das Erbe der Olmeken

Obwohl der Handel bereits vor dem Aufstieg der Olmeken ein fester Bestandteil der mesoamerikanischen Gesellschaft war, waren sie die ersten Händler der Region, die regelmäßig über weite Strecken reisten, um mit anderen Städten und Kulturen Handel zu treiben. Die Handelsrouten brachten den Städten an der Golfküste wie San Lorenzo und La Venta großen wirtschaftlichen Wohlstand, vor allem aber verbreiteten sie die kulturellen Einflüsse der Olmeken weit über ganz Mittelamerika. Die Händler brachten auch kulturelle Ideen von anderen Zivilisationen und Völkern in die olmekischen Städte zurück. Der weit verbreitete Handel der Olmeken in der Region führte zu einer engeren Vernetzung Mesoamerikas und trug zur Ausbreitung der Kultur zwischen den Völkern bei.

Viele der religiösen Vorstellungen späterer Kulturen, wie der Azteken und Maya, gehen auf das olmekische Pantheon zurück, wobei viele von ihnen dieselben Götter verehrten wie die Olmeken Jahrhunderte vor ihnen. Die Jaguarmenschen-Figuren, die überall in den olmekischen Städten zu finden waren, wurden später zu einem zentralen Bestandteil der mesoamerikanischen Religion. In den Gräbern und Bauwerken vieler klassischer Maya-Städte wurden die göttlichen Herrscher als Jaguarfiguren dargestellt, die den olmekischen Darstellungen stark ähneln.

Die olmekischen Künstler, Kunsthandwerker und Architekten erbrachten vielleicht die beeindruckendsten Leistungen der frühen mesoamerikanischen Gesellschaft. Die kolossalen, kompliziert konstruierten Strukturen, die in den olmekischen Städten zu finden waren, stellten alles in den Schatten, was zuvor in Mittelamerika errichtet worden war. Obwohl einige Entwürfe, wie z. B. die Kolossalköpfe, der Vergangenheit angehörten, nutzten die Zivilisationen, die auf die Olmeken folgten, Städte wie San Lorenzo als leuchtendes Beispiel dafür, wie ein mächtiges urbanes Zentrum aussehen sollte.

Den Olmeken wird die Erschaffung des ersten feststehenden Schriftsystems Mesoamerikas zugeschrieben. Sie machten zudem große Fortschritte bei der Entwicklung eines genauen Kalendersystems und der Kartierung des Sonnensystems. Alle drei olmekischen Innovationen wurden von den Maya schrittweise perfektioniert und erweitert.

Zu Beginn des 5. Jahrhunderts v. Chr. entwickelten sich die Epi-Olmeken zu einer Übergangszivilisation, die auf den Innovationen und Grundlagen ihrer Vorgänger aufbaute und andere überholte kulturelle Vorstellungen hinter sich ließ. Die zapotekische Zivilisation im Süden an der Pazifikküste, die große Stadt Teotihuacán im Tal von Mexiko und die Maya-Zivilisation von Yucatán im Osten sollten sich bald als die dominierenden Völker Mesoamerikas erweisen.

Während die Olmeken allmählich in der politischen Ordnung der Region in den Hintergrund traten, bauten diese Kulturen kontinuierlich auf dem auf, was die erste Hochkultur Mesoamerikas geschaffen hatte.

Kapitel 4: Die vorklassische Maya-Ära

Während sich die olmekische Gesellschaft an der Golfküste allmählich in die klassische Veracruz-Kultur verwandelte, wurden die kleinen Siedlungen auf der Halbinsel Yucatán im Osten immer größer. Obwohl diese kleinen Städte zahlreiche Merkmale der Olmeken aufwiesen, begannen sie, viele eigene kulturelle Merkmale zu entwickeln. Während die olmekischen Städte am Golf allmählich untergingen, entwickelten sich die Maya von Yucatán langsam zur größten Zivilisation Mittelamerikas.

Die vorklassische Epoche der Maya umfasst die Gründung dauerhafter Siedlungen zu Beginn des ersten Jahrtausends v. Chr. bis zur klassischen Epoche um 250 n. Chr. Die Vorklassik unterteilt sich in die Frühe Vorklassik (vor 1000 v. Chr.), die Mittlere Vorklassik (1000-400 v. Chr.) und die Späte Vorklassik (400 v. Chr. - 250 n. Chr.). Die größten Städte der Vorklassik waren El Mirador, Cival, San Bartolo, Seibal, Nakbe und Uaxactun.

In den Jahrzehnten vor dem Beginn der klassischen Periode im Jahr 250 n. Chr. kam es zu einem „vorklassischen Zusammenbruch", als viele der Städte, die während der vorklassischen Periode florierten, rasch entvölkert wurden. Dies führte zu einer massenhaften Zerstreuung der Bevölkerung, die in andere Städte zog, die zu den großen urbanen Zentren der klassischen Periode wurden.

Die Halbinsel Yucatán

Während des goldenen Zeitalters der Olmeken wurden die Maya-Siedlungen auf der gesamten Halbinsel Yucatán, die schließlich zum Kernland der Maya werden sollte, immer umfangreicher. Die Halbinsel besteht größtenteils aus Tieflandebenen mit dichtem Regenwald, die nur wenige hügelige oder bergige Regionen aufweisen.

In den nördlichsten Regionen der Halbinsel fällt viel weniger Regen als in den anderen Regionen, so dass die nördlichen Städte besonders anfällig für Trockenheit sind. Der Boden der nördlichen und nordwestlichen Regionen in der Küstenebene besteht größtenteils aus Kalkstein, und in dieser Region der Halbinsel gibt es eine Fülle natürlicher Kalksteinhöhlensysteme, die durch Erosion infolge von Regenfällen entstanden sind. Die Region ist auch für ihre gewaltigen Dolinen bekannt, die beim Einsturz dieser Höhlensysteme entstehen.

Die nordöstliche Region ist vor allem für ihre ausgedehnten Sumpfgebiete bekannt, die eine wichtige Verteidigungsgrenze zu anderen Regionen der Halbinsel bildeten. In der nördlichen Küstenebene gab es nur wenige Flusssysteme, die meisten Flüsse der Halbinsel befanden sich im südlichen Tiefland und Hochland.

Das Petén-Becken, das sich im zentralen Tiefland befindet, ist durch eine Vielzahl von topografischen Merkmalen gekennzeichnet, darunter dichte Regenwälder, Sümpfe und Seen. Die jährliche Niederschlagsmenge für die gesamte Halbinsel beträgt 110 Zentimeter, wobei die Regenzeit von Juni bis September und die Trockenzeit von Oktober bis Mai dauert. In der Region Petén fällt der meiste Niederschlag auf der Halbinsel, was dazu beitrug, dass sie die führende Region für die großen Städte der klassischen Periode wurde.

Frühe Präklassik

Es gibt Belege dafür, dass im Maya-Tiefland bereits 3000 v. Chr. Landwirtschaft betrieben wurde. Wahrscheinlich handelte es sich um nomadische oder kleine Bevölkerungsgruppen, die nach und nach feste Dörfer gründeten. Das Jagen und Sammeln war die Hauptnahrungsquelle der vorklassischen Maya, obwohl der Maisanbau zunehmend zur dominierenden Nahrungsquelle wurde.

In dieser Zeit begann die Herstellung von Keramik, wobei viele Stile von den Olmeken und anderen benachbarten mesoamerikanischen Kulturen übernommen wurden. Die Maya der Frühen Präklassik unterhielten enge Handelsbeziehungen zu den Olmeken, und es kam zu einer enormen kulturellen Durchdringung zwischen den beiden Kulturen.

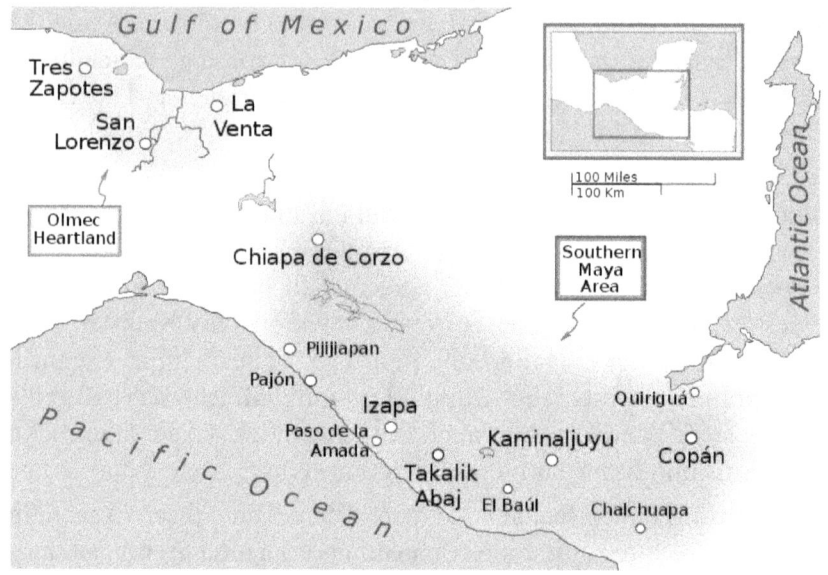

Eine Karte der wichtigsten südlichen Mayastädte.
Madman2001, CC BY-SA 4.0 <https://creativecommons.org/licenses/by-sa/4.0>, via Wikimedia Commons https://commons.wikimedia.org/wiki/File:Larger_Southern_Maya_area_v3.svg

Mittlere Präklassik

Zu Beginn des ersten Jahrtausends v. Chr. war die Stadt Aguada Fénix ein wohlhabendes urbanes Zentrum in Tabasco. Der Bau von Aguada Fénix markierte den Beginn der dauerhaften landwirtschaftlichen Besiedlung durch die Maya. Bis zum Bau der Stadt lebten die Maya in der Region größtenteils als Nomaden und stellten keine nennenswerten Mengen an Töpferwaren her.

Die archäologischen Aufzeichnungen weisen auf diesen Zeitabschnitt in der Geschichte der Maya hin, als die Herstellung der charakteristischen Maya-Keramik zunahm und die Siedlungen größer und stärker besiedelt wurden. Diese Zeit des Wandels markiert den Beginn der Maya-Stadtstaaten, die bald die Region beherrschen sollten.

Der Handel zwischen verschiedenen Regionen und Siedlungen wurde stärker, und der Austausch von Luxusgütern wie Jade und Obsidian-Artefakten nahm stark zu. Auch Infrastrukturprojekte wie Kanäle und Bewässerungssysteme wurden größer und komplexer.

Die kleinen Siedlungen der Vorklassik nahmen immer mehr die organisatorischen Merkmale großer Städte an, wie z. B. große Plätze in ihrem Zentrum und eine Vielzahl von zeremoniellen Monumenten und

Bauten. Viele der architektonischen Projekte dieser Periode lehnten sich stark an die nahe gelegenen Olmekenstädte wie La Venta und San Lorenzo an.

Es gibt auch Hinweise darauf, dass die Kriegsführung in dieser Zeit zunahm, da die Waffen der Maya stark verbessert wurden und die Könige zunehmend als kriegerische Figuren dargestellt wurden. Zudem wurden Massengräber aus dieser Zeit entdeckt, die auf die Hinrichtung von Kriegsgefangenen hindeuten.

Späte Präklassik

In der Späten Vorklassik kontrollierte die Stadt Kaminaljuyu einen Großteil des Maya-Hochlands, während die Stadt El Mirador das Tiefland beherrschte. Es gibt Hinweise darauf, dass die Maya des Hochlands in dieser Zeit begannen, sich nach Norden in das südliche und zentrale Tiefland auszudehnen, wo bald die großen Städte der klassischen Epoche entstehen sollten.

Viele kulturelle Praktiken und Glaubensvorstellungen der Olmeken inspirierten die Maya, deren eigene kulturelle Praktiken immer komplexer wurden. Während der Vorklassik und bis in die Klassik hinein begannen die Maya, eine Kultur zu schaffen, die zunehmend eigene Merkmale aufwies, die sich von den Traditionen der Golf-Olmeken lösten und eine eigene Maya-Kultur schufen. In der Späten Präklassik wurden in einigen Städten die ikonischen Stufenpyramiden der Maya gebaut, was darauf hindeutet, dass Spiritualität und Religion zunehmend zu einem integralen Bestandteil des Stadtlebens wurden.

Skulptur der spätpräklassischen Maya, gefunden in Kaminaljuyu.
No machine-readable author provided. Authenticmaya~commonswiki assumed (based on copyright claims)., CC BY-SA 2.5 <https://creativecommons.org/licenses/by-sa/2.5>, via Wikimedia Commons https://commons.wikimedia.org/wiki/File:KaminalJuyu.jpg

Präklassische Landwirtschaft

Viele Wissenschaftler haben sich über die Bevölkerungszahl der Maya-Städte der vorklassischen und klassischen Epoche auf der Halbinsel Yucatán den Kopf zerbrochen. Die Städte im Tiefland befanden sich an einem der ungünstigsten Orte der Welt für eine fortgeschrittene landwirtschaftliche Zivilisation. Die Halbinsel Yucatán und ihre Umgebung waren von dichten Regenwäldern, unfruchtbaren Böden, undurchdringlichem Sumpfland und schweren saisonalen Dürren geprägt.

Genau wie die frühen Olmeken wandelten sich auch die Maya allmählich von kleinen Siedlungen von Jägern und Sammlern zu großen Siedlungen von Ackerbauern, in deren Mittelpunkt der Maisanbau stand. Mais war zwar die wichtigste Kulturpflanze der Maya, aber auch Bohnen, Kürbis und viele andere Feldfrüchte wurden von den Maya-Bauern angebaut.

Obwohl sie nicht über die Vorteile von Metallwerkzeugen und domestizierten Tieren verfügten wie die zeitgenössischen Bauern in Europa, gehörten die Maya zu den fortschrittlichsten Landwirten ihrer Zeit. Sie wandten hauptsächlich die Technik der Brandrodung an. Bei dieser Methode wurde ein bestimmtes bewaldetes Gebiet abgeholzt und anschließend verbrannt. Die nährstoffreiche, aschige Erde des verbrannten Gebietes wurden dann bepflanzt. Nachdem das verbrannte Gebiet mehrmals genutzt wurde, zog man auf neues Land um, damit sich das Gebiet regenerieren konnte. Diese Methode erwies sich für die Maya als äußerst effektiv, obwohl sie mit dem Wachstum der klassischen Städte auch zur starken Abholzung des Tieflandes beitrug.

Die Maya wandten auch komplexe Bewässerungs- und Terrassierungstechniken an, indem sie sich die vielen Sümpfe zunutze machten, die über die gesamte Region Yucatán verteilt waren. Mit ausgeklügelten Methoden leiteten die Maya-Ingenieure Wasserquellen in den Feuchtgebieten in Kanäle um, um fruchtbares Ackerland zu schaffen. Im bergigen Hochland wurden häufig Terrassen in die Berghänge gehauen, um Mais anzubauen.

Auch das Geschlecht spielte in der bäuerlichen Maya-Gesellschaft eine wichtige Rolle. Während die Männer die Felder bestellten, jagten und in Schlachten kämpften, waren die Frauen für die Führung des Hauses und die häuslichen Pflichten zuständig.

In der klassischen Epoche waren die Landwirtschaft und die Wasserwirtschaft der Maya äußerst effizient geworden und konnten eine große städtische Bevölkerung versorgen. Der Ernteüberschuss und die wachsende Bevölkerung, die Luxusartikel wie Keramik herstellen konnte, führten zu einem verstärkten Handel in der gesamten Maya-Gesellschaft.

El Mirador verfügte über ein Wasserauffangsystem. Das Foto zeigt die Stuckfriese, die es schmückten.
Geoff Gallice from Gainesville, CC BY 2.0 <https://creativecommons.org/licenses/by/2.0>, via Wikimedia Commons https://commons.wikimedia.org/wiki/File:El_Mirador_5.jpg

El Mirador

Es gibt kein besseres Beispiel für die ausgeklügelten Methoden der vorklassischen Landwirtschaft als El Mirador. Die Stadt El Mirador war während der Späten Präklassik die große Stadt des Maya-Tieflandes. Von etwa 300 v. Chr. bis zum 1. Jahrhundert n. Chr. blühte sie als zentraler Handelsplatz der Region auf.

El Mirador war von einer Vielzahl feuchter Sumpfgebiete umgeben, die die Stadt zu einem der effizientesten landwirtschaftlichen Zentren der Region machten. Die Bauern brachten Hunderte von Tonnen Schlamm aus den Sumpfgebieten herbei und legten damit Terrassen auf den Höfen der Stadt an. Der pH-Wert des Bodens wurde durch die Zugabe von Kalk erhöht, wodurch der nährstoffarme Boden der Region für den Anbau einer Vielzahl von Kulturpflanzen geeignet gemacht wurde war.

Vor dem Beginn der klassischen Epoche kam es in El Mirador und vielen anderen benachbarten Städten zu einer massiven Abwanderung der Bevölkerung im Rahmen des „präklassischen Zusammenbruchs".

Umweltstudien haben gezeigt, dass die Region um El Mirador zum Zeitpunkt des Zusammenbruchs stark entwaldet war. Ein großer Teil des umliegenden Waldes wurde abgeholzt, um entweder Kalk zu gewinnen oder andere Bauprojekte zu schaffen.

Da es in der Region keine Bäume mehr gab, wurde ein Großteil des nährstoffarmen Bodens nicht mehr von der natürlichen Vegetation gehalten und durch starke Regenfälle in die Sümpfe gespült. Der nährstoffreiche Schlamm der Sümpfe, der einst als geheime Zutat für den landwirtschaftlichen Aufschwung der Stadt diente, wurde nach und nach von Erdschichten aus dem Umland bedeckt.

Die Architektur der Präklassik

Die Zeitachse der Maya-Architektur zeigt die große Entwicklung ihrer Kultur. Ausgehend von steinzeitlichen Dorfgemeinschaften errichteten die Maya in der Späten Präklassik einige der größten und komplexesten Bauwerke Mesoamerikas. Die vielen beeindruckenden Monumente und Gebäude der klassischen Städte im Tiefland wurden überwiegend aus Kalkstein gebaut, während in den Städten im Hochland hauptsächlich Sandstein und Eruptivgestein verwendet wurde.

Ein Foto von La Danta, einem Tempel in El Mirador. Die Pyramide ist etwa 72 Meter hoch und gilt als eine der größten Pyramiden der Welt.
Dennis Jarvis from Halifax, Canada, CC BY-SA 2.0 <https://creativecommons.org/licenses/by-sa/2.0>, via Wikimedia Commons https://commons.wikimedia.org/wiki/File:Flickr_-_archer10_(Dennis)_-_Guatemala_1828_-_La_Danta_at_the_Mayan_site_of_El_Mirador.jpg

Während die Maya anfangs aus der Notwendigkeit heraus Bauten errichteten, um ihre wachsende Bevölkerung zu versorgen, zeichnete sich die Architektur des Tieflandes zunehmend durch Elemente aus, die die politische und religiöse Ordnung der Stadt propagierten. Die Architektur wurde zunehmend mit Hieroglyphen und Inschriften von Maya-Göttern, historischen Ereignissen und mächtigen Herrschern verziert. Die herrschende Klasse nutzte die Architektur der Stadt, um ihre göttliche Macht zu festigen, indem sie die Religion zu einem integralen Bestandteil ihrer Städte machte.

Im Laufe der klassischen Periode wurden die Herrscher der Maya untrennbar mit ihrer Architektur verbunden. Das religiöse Element dieser Bauwerke spiegelte den Glauben wider, dass diese großen Städte von göttlichen Herrschern erbaut wurden, die von den Göttern auf den Thron gesetzt wurden. Es wurden Skulpturen, Denkmäler, Inschriften und heilige Tempel errichtet, die vergangene Herrscher darstellten und die Göttlichkeit und historische Bedeutung der herrschenden Dynastie betonten. In Fällen, in denen die Bevölkerung der Städte nach Ansicht der Wissenschaftler ihre Herrscher in einer Revolution oder Revolte stürzte, wurden viele dieser heiligen Strukturen und Denkmäler verunstaltet und absichtlich beschädigt.

Abgesehen vom politischen und praktischen Nutzen dieser Bauten besaßen sie auch eine große astronomische und religiöse Bedeutung. Viele der großen Bauwerke in den städtischen Zentren der Maya waren einer Himmelsrichtung entsprechend ausgerichtet. Norden und Süden repräsentierten den Himmel und die Unterwelt, während Osten und Westen mit dem Auf- und Untergang der Sonne in Verbindung gebracht wurden.

Im Zentrum fast aller klassischen Maya-Städte befanden sich große Plätze, die in der Regel von Pyramiden und anderen großen Bauwerken der Stadt umgeben waren. Diese Plätze dienten der Bevölkerung als Orte, an denen sie sich versammeln und großen Zeremonien beiwohnen konnte. Die verschiedenen Stadtteile waren durch Dammwege verbunden, breite Straßen aus Stein oder Holz. Diese Straßen führten alle zum zentralen Platz und verbanden die Stadt mit Siedlungen außerhalb, mit denen sie in einer Handels- oder politischen Beziehung stand.

Die Architekten der Maya der Klassik nahmen viele verschiedene architektonische Stile aus ganz Mesoamerika auf. Der gewählte Stil war oft Ausdruck eines Bündnissystems, einer Handelsbeziehung oder eines kulturellen Hintergrunds mit einer anderen Stadt. Die große Maya-Stadt Tikal zum Beispiel hatte viele architektonische Entwürfe, die die Stile der Stadt Teotihuacán in Zentralmexiko widerspiegelten. Die Ähnlichkeit der Architektur zeugt von der engen Beziehung zwischen den beiden Städten, denn Teotihuacán eroberte Tikal in der frühklassischen Periode und unterhielt während der gesamten politischen Blütezeit Tikals eine enge kulturelle Verbindung mit der Stadt.

Viele Städte im Maya-Tiefland wiesen ebenfalls einen architektonischen Stil auf, der der toltekischen Stadt Tullan in Zentralmexiko ähnelte. Es gibt Hinweise darauf, dass die Tolteken während der klassischen und postklassischen Periode in einige Regionen des Maya-Kernlandes eindrangen. Der Puuc-Architekturstil, der in Städten wie Chichén Itzá zu sehen ist, hatte seine Wurzeln im Zentrum des Maya-Kernlandes Yucatán. Er verwendet einen sich wiederholenden geometrischen Stil, der oft maskierte Figuren der Maya-Götter enthält.

Ein Beispiel für den Puuc-Stil. Dieses Gebäude befindet sich in Uxmal.
Diego Delso, CC BY-SA 4.0 <https://creativecommons.org/licenses/by-sa/4.0>, via Wikimedia Commons https://commons.wikimedia.org/wiki/File:Cuadrangulo_de_las_monjas-Uxmal-Yucatan-Mexico0265.JPG

Der größte Teil der Maya-Bevölkerung lebte in strohgedeckten Weilern mit einem oder zwei Räumen, während die königliche Führungsschicht in Palastkomplexen mit mehreren Räumen wohnte. Die

Paläste der Könige wuchsen im Laufe der klassischen Periode beträchtlich, und im 9. Jahrhundert verfügten viele von ihnen über ihre eigene Hofanlage und Wasserversorgung.

Ein Beispiel für ein traditionelles Maya-Haus.
Tobias1983, CC BY-SA 3.0 <https://creativecommons.org/licenses/by-sa/3.0>, *via Wikimedia Commons* https://commons.wikimedia.org/wiki/File:MayaHouse.JPG

Während die gewöhnliche Maya-Bevölkerung ihre verstorbenen Angehörigen in kleinen Gräbern in der Nähe ihrer Häuser bestattete, wurden die Könige in aufwendigen Gräbern und Tempeln beigesetzt. Die Bestattungspraktiken einer Führungspersönlichkeit hingen davon ab, wie mächtig der Herrscher war. Die meisten Herrscher wurden mit wertvollen, heiligen Gegenständen wie Jade in verzierten Gräbern in einem Teil der Stadt bestattet, der dem Gedenken an die verstorbenen Mitglieder der Führungsschicht gewidmet war. Mächtigeren Herrschern wurden ganze Tempel und Pyramiden gewidmet, und viele enthielten eine visuelle Darstellung des Herrschers sowie seinen Namen und den Zeitpunkt seines Todes.

Die großen Stufenpyramiden werden heute oft als das ikonische Symbol der klassischen Maya angesehen. Diese Pyramiden waren größtenteils verstorbenen Herrschern gewidmet, und an der Spitze der Treppen wurden viele Rituale zu Ehren der Götter abgehalten.

Viele große Bauwerke der Maya, darunter auch die Stufenpyramiden, wurden immer wieder erneuert und umgebaut. Wenn ein Bauwerk veraltet war, wurde ein neues Bauwerk an der Außenseite des alten errichtet. Dies ermöglichte es den Maya-Herrschern, Bauwerke zu errichten, die scheinbar völlig neu waren und das solide Fundament der früheren Konstruktion besaßen.

Die Maya der klassischen Epoche errichteten auch einige der ersten fortschrittlichen Wassermanagementsysteme der Welt mit riesigen Wasserspeichern, die das Regenwasser für ihre Städte sammelten. Da die Region ständig von saisonalen Dürren bedroht war und nur sehr wenige Flussquellen hatte, waren die Menschen der klassischen Epoche in hohem Maße auf diese städtischen Reservoirs angewiesen.

Die in den Städten lebenden Maya errichteten Tausende von *Stelen*, Felsplatten, auf denen oft historische Ereignisse, religiöse Darstellungen oder Porträts von Herrschern eingraviert waren. Viele der Stelen enthielten Daten aus den Maya-Kalendern, die den Archäologen bei der Erstellung eines Zeitstrahls für die Geschichte der Maya sehr geholfen haben.

Der Zusammenbruch der Präklassik

Um 100 n. Chr. kam es zu einem Zusammenbruch der Präklassik, und die Gelehrten sind sich noch nicht einig über die Ursachen der raschen Entvölkerung der vorklassischen Städte. Wissenschaftliche Erkenntnisse deuten auf eine Reihe von Dürren hin, die die Region in dieser Zeit heimsuchten und möglicherweise zu einer unzureichenden Wasserversorgung der wachsenden Stadtbevölkerung führten. Es gibt auch Hinweise darauf, dass viele der vorklassischen Städte im ersten Jahrtausend n. Chr. stark entwaldet waren und ihre Wasservorräte durch die Abwässer der Städte stark verschmutzt waren.

Was auch immer die Ursachen waren, dieser Zusammenbruch der vorklassischen Städte ebnete den Weg für den Bevölkerungsboom im südlichen und zentralen Tiefland, der die klassische Epoche kennzeichnen sollte.

Als die Bevölkerung der vorklassischen Städte wie El Mirador zusammenbrach, verbreiteten sich Ideen und Kultur über die gesamte Halbinsel Yucatán. Diese Ausbreitung der Maya über die Halbinsel Yucatán führte zu einer enormen kulturellen Verbreitung, da die Maya begannen, sich in den Städten niederzulassen, die bald zu den größten Städten Mesoamerikas werden sollten.

TEIL ZWEI:
DIE KLASSISCHE EPOCHE DER MAYA (250 - 900 n. Chr.)

Kapitel 5: Die Maya-Gesellschaft der klassischen Epoche

Die klassische Epoche der Maya-Zivilisation war der Höhepunkt der kulturellen, wissenschaftlichen und politischen Errungenschaften der Maya. Die Städte Tikal, Calakmul, Palenque und Copan wurden zu den großen Städten der Maya-Kultur. Während dieser Epoche wurden die größten Monumente und Tempel, die heute als charakteristisch für die Maya-Kultur gelten, von göttlichen Herrschern errichtet, die über große regionale politische Reiche herrschten. Die Herrscher der klassischen Epoche übernahmen eine weltliche Führungsrolle und eine spirituelle Rolle, die sie als göttliche, von den Göttern geweihte Gestalten verkündete.

Die klassische Periode wird in drei verschiedene Perioden unterteilt: Während der Frühen Klassik (250-550) wurden die städtischen Zentren des südlichen und zentralen Tieflands zu den führenden Städten der Maya-Zivilisation. In der Spätklassik (550-830) erlebten diese Städte den Höhepunkt ihrer Bevölkerung, Architektur und politischen Macht. In dieser Zeit kam es im gesamten Tiefland zu ständigen kriegerischen Auseinandersetzungen zwischen den großen Städten und ihren Allianzen. Die Endklassik (830-950) war die Zeit des „Zusammenbruch der klassischen Maya-Kultur", als diese Städte von ihren Bewohnern rasch verlassen und nie wieder derartig dicht besiedelt wurden.

Das politische System der Maya in der Klassik

Im Gegensatz zur aztekischen Zivilisation, die eine zentralisierte Regierung in ihrer Hauptstadt Tenochtitlan hatte, agierten die Städte der Maya als unabhängige Staaten, die eigenständig handelten. Im gesamten Kernland der Maya bildeten sich ausgedehnte Bündnissysteme, die diese Städte durch kulturelle Bindungen, militärische Allianzen oder Handelspartner miteinander verbanden.

Mächtigere Städte brachten auch kleinere Vasallenstädte unter ihre Kontrolle, die in der Regel Tribut an die größere Stadt im Austausch für militärischen Schutz und Zugang zu Handelsnetzen zahlten. In den Städten der klassischen Periode drehten sich die urbanen politischen Systeme der Maya um erbliche Herrscher, die glaubten, dass die Götter sie zur Herrschaft über ihre Bevölkerung auserwählt hatten.

Bei den klassischen Maya gab es vier sozioökonomische Ebenen. Die Könige und hohen Fürsten der größten Städte wie Tikal und Calakmul galten als die höchste Schicht der Maya-Gesellschaft. Es folgten die Führer der kleineren Vasallenstaaten, die als enge militärische Verbündete und Handelspartner der größeren Städte galten. Danach folgten die dörflichen Siedlungen, die von regionalen Adeligen regiert wurden. Zuletzt gab es die Weiler am Rande der städtischen Maya-Gesellschaft, die sich ausschließlich der Landwirtschaft oder einer anderen kleinen Produktion von Waren widmeten.

Mächtige Könige in den Maya-Städten wurden erst um das 4. Jahrhundert n. Chr. üblich, als man begann, überall in den Städten große Stelen zu errichten, die an die Könige der Stadt erinnerten. Die Könige sahen sich selbst auf halbem Weg zwischen Menschen und Göttern und glaubten, dass sie die heilige Pflicht hätten, als Vermittler zwischen den beiden zu fungieren.

Es gibt Beispiele für Königinnen, die Städte regierten, aber dies geschah in der Regel nur, wenn es keinen geeigneten männlichen Thronfolger gab. Junge Männer aus königlichen Familien, die für den Thron bestimmt waren, waren oft militärische Führer und führten Feldzüge gegen feindliche Stadtstaaten an.

Von Königen wurde erwartet, dass sie auf dem Schlachtfeld kämpften und ihre Truppen persönlich in die Schlacht führten. Die Gefangennahme feindlicher Könige war einer der wichtigsten Bestandteile der Maya-Kriegsführung. Gefangene Könige oder Adelige wurden nicht immer hingerichtet, aber viele wurden in großen rituellen Zeremonien geopfert.

Riesige, prunkvolle Paläste, in denen die königlichen Familien residierten, waren ein unverzichtbarer Bestandteil der städtischen Zentren der klassischen Maya. Diese Paläste wurden in der Regel auf dem zentralen Platz der Stadt in der Nähe der großen Tempel und anderer großer Bauwerke errichtet.

Während der gesamten klassischen Periode lebten die Könige der Maya-Städte zunehmend prunkvoll. Die kleinen, bescheidenen Paläste der Frühklassik verwandelten sich bis zur Spätklassik schließlich in aufwendige Komplexe. Viele Wissenschaftler halten eine Revolution oder einen Sturz der königlichen Führungsschicht aufgrund der zunehmenden Einkommensungleichheit als Grund für den Zusammenbruch der klassischen Städte für möglich. Es wäre logisch, dass eine Bevölkerung, die sich zunehmend in einer misslichen Lage befand, Groll gegen eine göttliche Herrscherschicht hegte, die vor ihren Augen im Zentrum ihrer Stadt so extravagant lebte.

Religion

Es ist unmöglich, die Ruinen der klassischen Maya-Städte zu besichtigen, ohne die Zeugnisse eines komplexen spirituellen Glaubenssystems zu bemerken. Die Götter der Maya spielten in ihrer gesamten Gesellschaft eine wichtige Rolle, von der Landwirtschaft bis zur göttlichen Herrschaft der Könige. Die Spiritualität der Maya drehte sich um den Glauben, dass die gesamte Welt von „k'uh" umhüllt war, was so viel wie „heilig" bedeutet.

Die Maya-Priester hatten die Aufgabe, die religiöse Ordnung ihrer Gesellschaft zu überwachen. Dazu gehörten die Durchführung von Zeremonien und die Beobachtung des Himmels, um den „Willen der Götter" zu entschlüsseln.

Einige Maya gaben der Sonne und dem Mond unterschiedliche Charaktere, wobei die Sonne eine männliche und der Mond eine weibliche Figur darstellte. Sie glaubten, dass die Götter die Sonne und den Mond auf der Erde platziert hatten, aber zur Strafe für die Untreue des weiblichen Mondes in den Himmel gebracht wurden.

Der Tod war ein wichtiger Bestandteil der Maya-Religion, insbesondere bei Herrschern. Ganze Stadtteile waren ausschließlich den Gräbern und dem Gedenken an verstorbene Herrscher gewidmet. Die Maya glaubten, dass die Seele nach dem Tod in die Unterwelt reist, die oft als dunkler Ort dargestellt wurde, der von jaguarähnlichen Göttern beherrscht wurde.

Die Maya glaubten, dass die Zeit nicht linear, sondern zyklisch verlief. Sie nahmen an, dass es vor ihnen verschiedene Welten gegeben hatte und dass es nach ihnen viele weitere geben würde. Sie glaubten, dass ihre Welt eines Tages zu einem abrupten Ende kommen würde und die Götter eine neue Welt erschaffen würden.

Obwohl die Praxis der Menschenopfer in den populären Medien, die die Maya beschreiben, sicherlich übertrieben dargestellt wird, war sie in den klassischen Städten weit verbreitet. Das Vergießen von menschlichem Blut wurde als göttliche und notwendige Opfergabe an die Götter betrachtet. Kriegsgefangene und Herrscher rivalisierender Städte waren die am häufigsten geopferten Bevölkerungsgruppen.

Die Erschaffung des Universums ist einer der wichtigsten Bestandteile der Maya-Religion. Am Anfang waren der Himmel und die Erde miteinander verbunden, und es gab keinen Platz für Leben auf dem Planeten. Die Götter pflanzten einen großen Baum auf die Erde, um den Himmel anzuheben und Platz für die Existenz von Leben zu schaffen. Während der Baum wuchs, reichten seine Wurzeln bis in die Tiefen der Unterwelt, und seine Äste streckten sich bis in die Oberwelt. Tiere und Pflanzen begannen, die Erde zu bevölkern, aber die Götter waren unzufrieden, weil es keine höher entwickelten Wesen gab, die sich verbal verständigen konnten, um sie zu loben, also schufen sie die Menschen.

Die Schöpfungsgeschichte der Maya

Die Maya glaubten, dass sie in der dritten zyklischen Schöpfung des Universums lebten und dass die beiden vorherigen zerstört worden waren. Sie waren der Ansicht, dass auch ihre Schöpfung schließlich von den Göttern zerstört werden würde.

Bei der ersten Erschaffung des Universums waren die Menschen ganz aus Schlamm, das heißt, sie konnten sich nicht bewegen oder kritisch denken. Die Götter waren mit den Schlammwesen unzufrieden und zerstörten die Welt mit Fluten aus kochendem Wasser. Daraufhin schufen die Götter die Menschen aus Holz. Sie waren zwar viel produktiver und fortschrittlicher als die Schlammmenschen, aber sie waren seelenlos und priesen ihre Götter nicht. Wie die Bevölkerung vor ihnen vernichteten die Götter sie mit Wasser. Die Wesen, die es irgendwie schafften, diese beiden Universen zu überleben, wurden für Affen gehalten.

Der moderne Mensch wurde in der dritten Schöpfung erschaffen, als die Götter beschlossen, die Wesen aus dem Teig von Mais und dem Blut der Götter zu erschaffen. Die Götter hielten die vier von ihnen geschaffenen Wesen für zu intelligent und befürchteten, sie würden sie stürzen und die Kontrolle über das Universum übernehmen. Die Götter beschlossen, ihren Verstand zu trüben, damit sie weniger göttlich und intelligent wären.

Die Zerstörung des Universums würde eintreten, wenn die Wesen ihre Götter nicht mehr anbeteten. Dies machte es für die Maya zwingend erforderlich, die religiöse Verehrung kontinuierlich und mit Nachdruck zu einem zentralen Bestandteil der Gesellschaft zu machen.

Götterwelt und Mythologie

Die Götterwelt der Maya besteht aus einer langen Liste göttlicher Wesen, die fast alle Bereiche des Lebens der Maya abdecken. Während viele der Gottheiten ein universeller Teil des religiösen Glaubens aller Maya waren, konnte sich die Götterwelt je nach Region erheblich verändern. Wie unten dargestellt, hatten viele dieser Götter ähnliche Eigenschaften. Die Abhängigkeit der Maya von Regen und Landwirtschaft für ihr Überleben machte Sonne, Regen und Wettersymbole wie den Blitz zu wiederkehrenden Themen im Pantheon.

Itzámná gilt als der Hauptschöpfer des Universums und wird oft als Leguan oder als ältere Figur dargestellt. Er war auch der Gott der Weisheit, der Schrift und des Wissens. Er galt zudem als einer der wichtigsten Sonnengötter. Seine Frau, Chebel Yax, wird ebenfalls oft als leguanartige Figur dargestellt. Beide Figuren gelten als zwei der ranghöchsten Gottheiten des Maya-Pantheons.

Eine Abbildung von Itzámná.
https://commons.wikimedia.org/wiki/File:God_D_Itzamna.jpg

Huracán, die Gottheit des Windes und des Himmels, wird von den Hochland-Maya auch als einer der Schöpfer des Universums angesehen. Er wird als ein einbeiniger Gott dargestellt, der oft einen Blitz in der Hand hält.

Kinich Ahau war einer der mächtigsten Sonnengötter der Religion. Die Sonnengötter gehörten zu den mächtigsten und heiligsten Göttern, da die Maya von der Landwirtschaft und dem Süßwasser abhängig waren. Bei zu wenig Sonne würde ihre Ernte nicht gedeihen, und bei zu viel Sonne käme es zu schweren Dürren, die die Region verwüsteten. Jeden Tag wurde Kinich Ahau im Osten geboren, wenn die Sonne aufging, und alterte im Laufe des Tages, bis die Sonne im Westen unterging. Nachdem die Sonne hinter dem Horizont verschwunden war, verwandelte er sich in eine jaguarähnliche Gestalt und wurde ein Krieger in der Unterwelt.

Hun H'unahpu gilt als die wichtigste der Gottheiten, denn er war der Gott des Mais, des zentralen Nahrungsmittels Mesoamerikas. Er wurde meist als junger Mann mit langem Haar dargestellt. Der zweitwichtigste Gott war Chak, der Regengott. Chak wird oft als Mensch-Reptil-Mischwesen dargestellt. Die Maya glaubten, dass sowohl Chak als auch Hun H'unahpu menschliches Blut brauchten.

K'awiil wird am häufigsten als Gott des Königtums und des Blitzes beschrieben und mit einem Blitz in der Hand abgebildet. Ah Puch, auch Kisim genannt, ist der Gott des Todes und wird meist als verrottende Skelettfigur dargestellt. Er wird oft mit einer Eule in der Hand gezeigt, die als Bote zwischen der Erde und der Unterwelt galt.

Akan ist ein weiterer Todesgott, der speziell mit Alkohol und Krankheit in Verbindung gebracht wird. Akan wird oft dargestellt, wie er sich erbricht und Wein in der Hand hält, und in einigen Darstellungen schneidet er sich selbst den Kopf ab. Ix Chel ist die Göttin des Regenbogens und wird oft mit einem Kopfschmuck aus Schlangen abgebildet. Sie steht für Weiblichkeit, Geburt und Fruchtbarkeit und wird oft zusammen mit dem Mond abgebildet.

Der Ceiba-Baum, eine in Mittelamerika beheimatete tropische Baumart, war den Maya heilig. In den Maya-Inschriften wird die Ceiba häufig als der Baum in der Schöpfungsgeschichte genannt, den die Götter pflanzten, um die Erde vom Himmel zu trennen. Seine wesentliche Rolle in der Schöpfungsgeschichte machte ihn für die Maya zum Symbol für das Universum. In den Inschriften über den Baum wird beschrieben, dass seine Wurzeln in die Unterwelt hinabreichen, während sein großer

Stamm die Existenz der Erde in der mittleren Welt darstellt und seine Äste bis in die obere Welt reichen. Darstellungen des Baumes finden sich in den Kodizes und vielen Inschriften und Wandmalereien, die in den Städten der klassischen Maya gefunden wurden.

Ein Exemplar eines Ceiba-Baums. Dieses Bild wurde in Chiapas, Mexiko, aufgenommen.
AlejandroLinaresGarcia, CC BY-SA 3.0 <https://creativecommons.org/licenses/by-sa/3.0>, via Wikimedia Commons https://commons.wikimedia.org/wiki/File:LaPochotaChiapa1.jpg

Für die Maya waren die Himmelsrichtungen wichtig, vor allem Ost und West, weil dort die Sonne auf- und untergeht. Jeder Richtung wurde eine andere Farbe zugewiesen, wobei Norden weiß, Osten rot, Süden gelb und Westen schwarz war. Bestimmten Göttern wurden diese Richtungen zugeordnet, und viele Tempel, Gräber und Schreine wurden aufgrund ihrer spirituellen Bedeutung genau in einer bestimmten Ausrichtung gebaut.

Die Maya glauben, dass das Universum aus drei Ebenen besteht. Die mittlere Welt ist die Erde, während die Götter die obere Welt und die Unterwelt bewohnen. Die obere Welt umfasste dreizehn Ebenen, während die Unterwelt aus neun Ebenen bestand.

Die Unterwelt, die von den Quiché im Hochland „Xibalbá" und von den yucatekischen Maya „Mitnal" genannt wurde, war ein wichtiger Bestandteil des Glaubenssystems der Maya. Die Unterwelt wurde von einer Reihe furchterregender, blutrünstiger Götter beherrscht, die in regelmäßigen Abständen zur Erde aufstiegen, um Tod und Zerstörung über die Menschheit zu bringen. Die Seelen betraten die Unterwelt entweder durch eine mit Wasser gefüllte unterirdische Höhle oder durch den Himmel und wurden mit einer Höllenlandschaft voller grausiger Szenen und Kreaturen konfrontiert.

Astronomie

Es ist unmöglich, die religiösen Überzeugungen der Maya zu erörtern, ohne ihre Verbindung zur Astronomie zu erwähnen. Die Maya gehörten zu den fortschrittlichsten Astronomen der Welt und waren in der Lage, das Sonnenjahr der Region genau zu berechnen.

Die Maya nutzten hoch aufragende Observatorien und Tempel, um Theorien über das Sonnensystem aufzustellen, die sie für die weltliche Planung der landwirtschaftlichen Produktion und der Wasserspeicherung verwendeten. Das Studium der Astronomie ging jedoch weit über die pragmatische Zeitplanung und Zeitmessung hinaus. Auch in den spirituellen und religiösen Vorstellungen der Maya spielte die Astronomie eine wichtige Rolle.

Das Observatorium in Chichén Itzá. Es ist unter dem Namen Caracol bekannt.
User:R.123 Attribution-ShareAlike 2.5 Generic (CC BY-SA 2.5)
https://creativecommons.org/licenses/by-sa/2.5/ via Wikimedia Commons,
https://commons.wikimedia.org/wiki/File:El_Caracol_observatory.jpg

Sie glaubten, dass ihnen bei der Beobachtung des Nachthimmels Botschaften und Offenbarungen ihrer Götter gezeigt wurden. Die Maya nahmen an, dass sich die Erde im Zentrum des Universums befand und dass die Planeten und Sterne über ihnen Götter waren, die sich im spirituellen Reich bewegten.

Die Sonne war einer der wichtigsten Aspekte der Maya-Astronomie, und der Sonnengott Kinich Ahau war eine der wichtigsten Gottheiten ihrer Religion. Die Maya glaubten, dass Kinich Ahau nachts in die Unterwelt reiste, nachdem er den ganzen Tag am Himmel verbracht hatte.

Auch der Mond spielte im Glaubenssystem der Maya eine wichtige Rolle. Die Maya glaubten, dass die Mondgöttin Ix Chel jeden Tag gegen den Sonnengott kämpfte und ihn zwang, seine Reise in die Unterwelt anzutreten.

Die Astronomie spielte auch in den Herrscherhäusern eine Rolle, denn viele Wandmalereien der Maya zeigen Herrscher, die Kleidung tragen, die die Sterne und Planeten symbolisiert. Die Priester-Astronomen der Maya-Städte verfügten über enorme Macht. Ein Krieg konnte so lange verschoben werden, bis ein bestimmter Planet oder Stern an der richtigen Stelle stand, oder ein neuer Herrscher konnte nur während bestimmter Himmelszyklen in sein Amt eingesetzt werden.

Der Planet Venus spielte im Glaubenssystem der Maya eine besonders wichtige Rolle. Venus symbolisierte für die Maya die Kriegsführung, und Angriffe und Eroberungen wurden mit der Position des Planeten abgestimmt.

Während die Planeten im Glaubenssystem der Maya eine wichtige Rolle spielten, hatten die Sterne in der Maya-Zivilisation eine eher praktische Bedeutung. Die Positionen der Sterne wurden weitgehend zur Planung der landwirtschaftlichen Produktion genutzt.

Viele Denkmäler in den Maya-Städten haben einen klaren Bezug zur Astrologie, und viele Gebäude in den Städten sind nahezu perfekt auf die Himmelsrichtungen ausgerichtet. Die Stadt Chichén Itzá besitzt eines der berühmtesten Beispiele für diese astronomische Architektur. Während der Tagundnachtgleiche beleuchtet die Sonne die Treppe zu einer der größten Pyramiden der Stadt, so dass der Betrachter die Illusion hat, eine Schlange klettere die Treppe hinauf.

Ein Bild, das während der Frühlings-Tagundnachtgleiche 2009 aufgenommen wurde. Es wird angenommen, dass das Schauspiel der Schlange Kukulkan, die gefiederte Schlangengottheit, darstellt.
https://commons.wikimedia.org/wiki/File:ChichenItzaEquinox.jpg

Rituale und Zeremonien

Obwohl Menschenopfer in den populären Medien ein charakteristisches Merkmal der Maya-Kultur sind, waren sie höchstwahrscheinlich weniger verbreitet als diese Darstellungen vermuten lassen. Die am häufigsten geopferten Menschen waren Kriegsgefangene und gefangene gegnerische Anführer. Die gebräuchlichste Opfermethode war die Enthauptung, obwohl die Herzentnahme, die weitgehend von den Azteken in Zentralmexiko beeinflusst war, gegen Ende der klassischen Periode zu einer gängigen Methode wurde.

Der Aderlass wurde viel häufiger praktiziert als tödliche Menschenopfer. Er wurde in der Regel von Adeligen durchgeführt, da ihr Blut als heilig galt. Der Brauch war für die Maya wichtig, weil die Götter bei der Erschaffung des Universums ihr Blut vergossen hatten. Das Vergießen des eigenen Blutes war ein Zeichen der Dankbarkeit und der Loyalität gegenüber den Göttern für die Erschaffung des Maya-Volkes. Der Aderlass wurde in der Regel vom Adel praktiziert, wobei mit Rochenstacheln Einschnitte an der Zunge oder den Genitalien vorgenommen wurden.

Die topografischen Merkmale des Maya-Kernlandes waren ein heiliger Teil des Maya-Glaubenssystems. Aufwendige Zeremonien wurden auf Berggipfeln, in Höhlensystemen, von denen man glaubte, dass sie in die Unterwelt führten, oder in Höhlen, die als rituelle Opferplätze dienten, abgehalten. Die Maya glaubten, dass die Götter ihnen ihr Land schenkten, und diese Orte dienten ihnen als heilige Stätten, um mit der spirituellen Welt in Verbindung zu treten. Viele dieser Stätten, vor allem ein großes Kraterloch in der Stadt Chichén Itzá, wurden regelmäßig als Pilgerstätte genutzt. Die Maya besaßen auch eine Reihe von regionalen Heiligtümern, die lokalen Heiligen gewidmet waren und regelmäßig aufgesucht wurden.

Priester waren die Führer des spirituellen Lebens in der Maya-Gesellschaft, sie überwachten Zeremonien, Opfer und wahrscheinlich auch den Bau heiliger Tempel und anderer religiöser Architektur. Die Priester verfügten auch über ein enormes Wissen in anderen Bereichen wie Astronomie, Zeitmessung und Mathematik. Die Synthese aus diesen Fächern und den traditionellen religiösen Überzeugungen verlieh den Priestern im politischen System der Maya große Macht. Die Priester entschieden oft über die Thronbesteigung von Herrschern oder den richtigen Zeitpunkt für einen Kriegszug auf der Grundlage des Planetenzyklus oder der religiösen Bedeutung von Daten im Kalender.

Veränderungen am Körper

Veränderungen am Körper waren ein weit verbreiteter Teil der Maya-Kultur. Piercings, Tätowierungen und das Schleifen von Zähnen dienten oft als Ausdruck der Individualität, um die kulturelle Zugehörigkeit oder den politischen Status einer Person zu zeigen. Diese oft quälend schmerzhaften Veränderungen dienten häufig als Übergangsritus für junge Männer, die Krieger werden wollten oder in der Rangfolge der Herrscher standen.

Eine der schmerzhaftesten Praktiken war die Schädelveränderung, eine kulturelle Praxis, die wahrscheinlich von den Olmeken überliefert worden war. Dabei wurde der Kopf mit Hilfe verschiedener Vorrichtungen in unterschiedliche Formen gebracht, darunter spezielle Wiegen, mit denen der Schädel im Liegen zusammengedrückt wurde, und eine aus Klötzen bestehende Vorrichtung, die das Kind den ganzen Tag über tragen konnte. Die häufigste Form war ein hoher Schädel mit abgeflachter Stirn, der in der Regel durch das Anbringen von zwei Klötzen auf jeder Seite des Kopfes des Kindes erzeugt wurde.

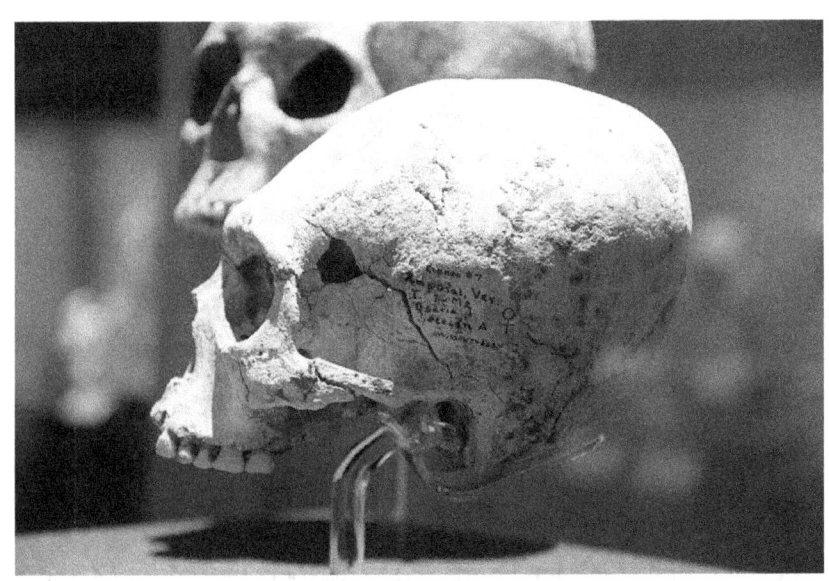

Ein deformierter weiblicher Olmekenschädel.
Gary Todd, CC0, via Wikimedia Commons
https://commons.wikimedia.org/wiki/File:Gulf_Coast_Classic_Period_Elongated_Skull_Deformed_for_Beauty.jpg

Im 10. Jahrhundert war diese Praxis in der gesamten Bevölkerung der Maya-Städte weit verbreitet, obwohl die Bürger der unteren Klassen in der Regel weniger auffällige Veränderungen aufwiesen. In vielen Städten wurden die Mitglieder der führenden Familien gezwungen, sich in irgendeiner Form einer Schädelveränderung zu unterziehen. Dieser Prozess begann in der Regel im Kleinkindalter, wenn sich der Schädel noch in der Wachstumsphase befand und formbarer war als ein voll ausgebildeter Erwachsenenschädel.

Auch Zahnveränderungen waren in der Gesellschaft der Maya weit verbreitet. Viele Maya-Krieger schärften ihre Zähne, um ihre Feinde einzuschüchtern, während sich viele adelige Frauen Edelsteine wie Jade in ihre Zähne bohren ließen.

Körperbemalung war eine wichtige kulturelle Praxis der Maya und wurde besonders bei Zeremonien verwendet. Priester färbten sich bei religiösen Anlässen oft mit Zinnober rot, und Opfer wurden häufig bemalt, bevor ihr Blut für die Götter vergossen wurde. Tätowierungen waren für die Maya-Männer ein Zeichen großer Tapferkeit, denn es war ein äußerst schmerzhafter Prozess. Die meisten Tätowierungen wurden einfach mit Waffen aus Obsidian in den Körper geritzt. Piercings waren in der Maya-Bevölkerung weit verbreitet, da Schmuck aus Edelsteinen ein

Zeichen für hohen Status oder Schönheit war.

Das Schriftsystem

Viele Bestandteile des Hieroglyphensystems der Maya wurden von ihren olmekischen Vorgängern weitergegeben. Maya-Hieroglyphen und -Inschriften verbreiteten sich um 300 v. Chr. in allen Siedlungen Yucatáns, und zu Beginn der klassischen Epoche war das Maya-Schriftsystem ein integraler Bestandteil der Architektur der städtischen Zentren der Region. Stelen, Tempel und Gräber waren mit Inschriften bedeckt, die Beschreibungen von historischen Ereignissen, Mythologie oder die Namen von Herrschern enthielten.

Die von den Maya verwendete Schrift kombinierte Symbole und Bilder, die bestimmte Objekte oder Handlungen bezeichneten, mit Symbolen, die die Aussprache der gesprochenen Sprache darstellten. Es ist zwar nicht vollständig bekannt, wie groß der Anteil der städtischen Maya-Bevölkerung war, der lesen und schreiben konnte, aber das volle Verständnis des Schriftsystems wurde wahrscheinlich nur der Oberschicht vermittelt, da Lesen und Schreiben als heilige, von den Göttern verliehene Fähigkeiten angesehen wurden.

Die Codices

Die Maya haben ihre Geschichte, ihre astronomischen Beobachtungen und ihr Glaubenssystem gewissenhaft aufgezeichnet, aber fast alle diese Aufzeichnungen wurden von den spanischen Missionaren des 16. Jahrhunderts zerstört. Sie zerstörten diese Aufzeichnungen, um sowohl die einheimische Religion der Maya als auch ihre vorkolumbianische Geschichte auszulöschen. Vier dieser umfangreichen historischen Aufzeichnungen, die so genannten „Codices", haben die Bekehrungsbemühungen der Missionare überlebt und boten ein äußerst hilfreiches Instrument für das Verständnis der Maya-Zivilisation.

Der wichtigste dieser Codices ist der Dresdner Codex. Er gilt als eines der ältesten und am besten erhaltenen mesoamerikanischen Bücher, obwohl er bei der Bombardierung Dresdens durch die Alliierten während des Zweiten Weltkriegs durch Wassereinwirkung stark beschädigt wurde. Die Entdeckung des Dresdner Codex zeigte Historikern und Archäologen das große Ausmaß des astronomischen Wissens der Maya. Der Codex Madrid erklärt viele der religiösen Überzeugungen der Maya und viele Bereiche des mesoamerikanischen Alltagslebens. Der Pariser Codex behandelt ausschließlich die Rituale und Zeremonien der Maya. Der Codex Grolier, der sich heute in Mexiko-Stadt befindet, ist der einzige

Codex, dessen Authentizität in Frage gestellt wird.

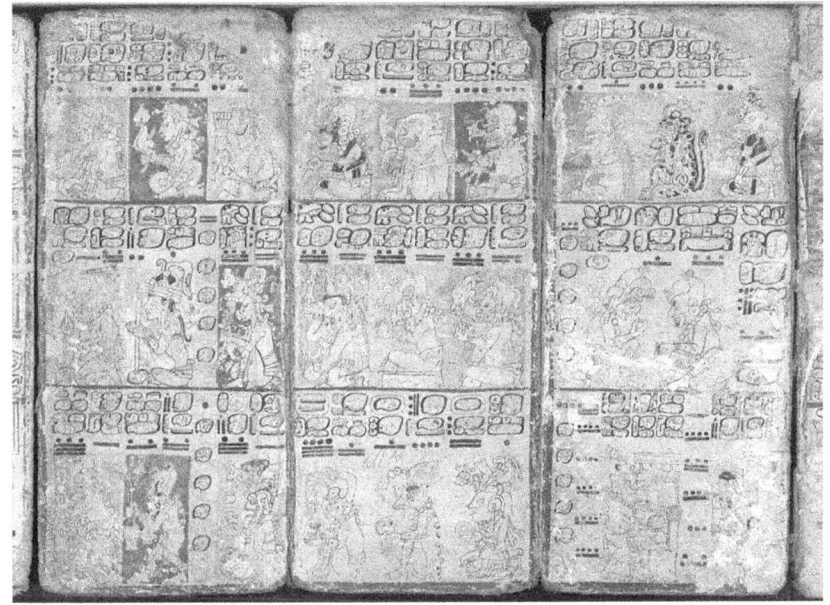

Seiten aus dem Dresdner Codex.
https://commons.wikimedia.org/wiki/File:CodexPages6_8.jpg

Popol Vuh und Chilam Balam

Das Popol Vuh, das in der Sprache der Maya „Das Buch des Volkes" bedeutet, ist eines der heiligsten Bücher der Maya. Es wurde von den Quiché-Maya aus dem guatemaltekischen Hochland verfasst und befasst sich hauptsächlich mit der Religion der Hochland-Maya. Es geht auch ausführlich auf die Besiedlung des Hochlands durch das Volk der Quiché ein. Das Buch gilt als heilig, weil spanische Priester im 16. und 17. Jahrhundert die meisten Maya-Texte zerstörten.

Ein Maya-Schreiber verfasste das Popol Vuh im 16. Jahrhundert, und es wurde zu einem geschätzten Text des Hochlandvolkes der Quiché. Als die Spanier die Region eroberten, gelang es den Maya, es zu verstecken, bis ein vertrauenswürdiger spanischer Priester, der von der örtlichen Bevölkerung geliebt wurde, es sehen durfte. Der Priester wusste, dass es sich um ein wichtiges historisches und kulturelles Artefakt der lokalen Maya handelte, und übersetzte es ins Spanische.

Neben der Schöpfungsgeschichte der Religion, die der Schöpfungsgeschichte der Tiefland-Maya stark ähnelt, enthält das Popol Vuh eine der wichtigsten Chroniken der Maya-Religion: die Geschichte der Heldenzwillinge.

Das Chilam Balam ist ebenfalls einer der heiligen Texte der Maya. Diese Textreihe stammt aus dem 18. Jahrhundert und zeigt die ganze Bandbreite der Kultur, der Religion und des täglichen Lebens der Tiefland-Maya. Der Verfasser der Texte schuf eine großartige historische Zeitleiste, in der er die Migrationsmuster und Herrscherdynastien der Tiefland-Maya beschrieb. Die Texte enthalten viele Rätsel und Gedichte sowie eine Sammlung von Prophezeiungen, die von Maya-Priestern verfasst wurden.

Tanz und Musik

Musik war ein zentraler Bestandteil der klassischen Maya-Gesellschaft. Obwohl es keine Belege für die Verwendung von Saiteninstrumenten durch die Maya gibt, waren Blas- und Schlaginstrumente sowohl bei weltlichen als auch bei religiösen Anlässen weit verbreitet. Primitive trompetenähnliche Instrumente wurden aus Ton und Holz hergestellt, und in vielen Maya-Stätten wurden Flöten gefunden. Trommeln und Rasseln waren die wichtigsten Schlaginstrumente in der Musik der Maya und in vielen Regionen ein gängiger Haushaltsgegenstand.

Musik wurde von den Maya-Völkern bei der Vorbereitung auf eine Schlacht, bei der Durchführung von Ritualen oder bei Feierlichkeiten wie Hochzeiten eingesetzt. Viele Musik- und Tanztraditionen haben überlebt und werden heute von vielen modernen Maya-Völkern in ganz Mittelamerika weitergeführt.

Kakao

Kakao war ein fester Bestandteil der Ernährung und des Handels der Olmeken, aber die Maya machten die Pflanze zu einem wesentlichen Bestandteil ihrer Kultur. Zusammen mit Mais galt die Kakaopflanze als eine der göttlichsten Pflanzen des Maya-Kernlandes. Der Maya-Religion zufolge wurde die Pflanze den Gläubigen auf einem Berggipfel von den Göttern geschenkt.

Kakao wurde vor allem von der königlichen Oberschicht getrunken, die ihn meist in flüssiger Form zu sich nahm, die wahrscheinlich stark an die heutige heiße Schokolade erinnert. Kakaobohnen wurden in den mesoamerikanischen Handelssystemen auch häufig als Zahlungsmittel verwendet. Die Pflanze wurde als Medizin für viele Krankheiten verwendet, und Kakaobohnen wurden oft mit den Verstorbenen begraben, damit sie sie auf ihrer Reise durch die Unterwelt verwenden konnten.

Mathematik

Die Maya-Mathematiker gehörten zu den fortschrittlichsten in ganz Amerika. Zum Zählen wurden drei Symbole verwendet: Die Zahl eins wurde durch einen kleinen Punkt dargestellt, die Zahl fünf durch einen Balken, und die Null wurde durch eine Muschel dargestellt. Die Verwendung der Null ist besonders beeindruckend, da nur sehr wenige Zivilisationen auf der Welt sie in ihrem Zahlensystem verwendeten.

Diese Zahlen wurden aus einer Vielzahl von Gründen verwendet. Die Grundrechenarten wurden für den Handel und den Warenaustausch benötigt. Symbole wurden verwendet, weil es für die Maya-Bevölkerung so einfach war, sie in ihrem täglichen Leben zu verwenden. Sie wurden auch aus wichtigeren Gründen verwendet, etwa um Vorhersagen auf der Grundlage des Kalendersystems zu machen.

Kalender

Die Maya waren von der Zeit fasziniert, und die Zeitmessung war sowohl mit ihren astronomischen Studien als auch mit ihrem religiösen Glauben untrennbar verbunden.

Wissenschaftler gehen davon aus, dass der erste Kalender Mesoamerikas auf das Jahr 1500 v. Chr. zurückgeht, und die Maya perfektionierten ihn im Laufe der vorklassischen und klassischen Periode zunehmend. Die Maya besaßen mehrere Kalender, die während der klassischen Periode weit verbreitet waren, wobei die Kalenderrunde und die Lange Zählung die bekanntesten waren.

Die Kalenderrunde diente hauptsächlich dazu, die heiligen Tage für religiöse Rituale und Zeremonien zu dokumentieren. Dieser Kalender hatte einen Zyklus von 260 Tagen, der zwanzig dreizehntägige Perioden umfasste. Das Haab, ein weiterer Teil des Kalenders, verwendete ein 365-tägiges Sonnenjahr, das in achtzehn Monate mit zwanzig Tagen und einem zusätzlichen fünftägigen Monat unterteilt ist. Die Maya beschrifteten jeden Monat mit Bildern, da sie glaubten, dass jeder Monat des Kalenders eine eigene „Persönlichkeit" besaß.

Die Lange Zählung, auch „Universeller Zyklus" genannt, wurde für längere Zeiträume verwendet. Dieser Kalender stand in engem Zusammenhang mit der Religion der Maya und dem Glauben, dass die Welt ständig von den Göttern zerstört und wieder aufgebaut wurde. Jeder Zyklus der Langen Zählung dauerte 2.880.000 Tage, wobei jeder neue Zyklus eine vollständige Wiedergeburt des Universums bedeutete. Diese kalendarischen Zyklen stimmten alle 52 Jahre überein, was den Beginn eines neuen Maya-Jahrhunderts markierte.

Das von den Maya geschaffene Kalendersystem war ein wesentlicher Bestandteil ihrer städtischen Gesellschaft. Anhand des Kalenders wurde errechnet, wann die Pflanzen gepflanzt werden sollten, wann die Regen- oder Trockenzeit zu erwarten war und wann die beste Zeit zur Kriegsführung war. Der Kalender wurde anhand der Position der Sterne und Planeten berechnet, die sie als Zeichen der Götter betrachteten. Die Priester nutzten den Kalender, um sowohl heilige Tage für Feiern als auch „Unglückstage" festzuhalten, an denen Opfer gebracht werden mussten, um die Götter zu besänftigen.

Diese Kalender waren auch für Historiker und Archäologen ein unverzichtbares Werkzeug, da viele zentrale Ereignisse mit Daten aus den Maya-Kalendern dargestellt und verschlüsselt wurden.

Internationale Aufmerksamkeit erlangte der Maya-Kalender im Jahr 2012, als der Kalender der Langen Zählung am 21. Dezember das Ende seines Zyklus erreichte. Während in den Medien zunehmend spekuliert wurde, dass es sich dabei um eine apokalyptische Weltuntergangsprophezeiung handelte, war das Datum einfach das Ende des Maya-Kalenderjahres.

Kriegsführung der Maya in der Klassik

Viele Jahre lang glaubten mesoamerikanische Gelehrte, dass die Maya eine außergewöhnlich friedliche Zivilisation waren. Sie gingen davon aus, dass die klassische Epoche eine Zeit großen Friedens im gesamten Maya-Tiefland war, in der die Städte florierten und ihre Kultur und Kunst aufblühten.

Die modernen Erkenntnisse über die Maya haben diese Sichtweise der Zivilisation jedoch völlig auf den Kopf gestellt. Der zersplitterte Zustand des Maya-Kernlandes bedeutete, dass die Städte ständig um Ressourcen und die politische Kontrolle über die Region konkurrierten.

Die jahreszeitlich bedingten Dürren im Tiefland, die geringe Anzahl von Süßwasserquellen und die allgemeine Unfruchtbarkeit des Bodens in Yucatán machten Land und Wasser zu den begehrtesten Ressourcen der Maya der klassischen Zeit. Als die Bevölkerung in den Städten wuchs, wurden diese Ressourcen sowohl begehrter als auch knapper, was zu einem massiven Anstieg der regionalen Rivalitäten und Kriege führte.

Größere Städte verfügten über gut ausgebildete Armeen, die zu den stärksten militärischen Truppen Mesoamerikas gehörten. Diese Armeen unternahmen oft lange, gefährliche Reisen, die sich über Hunderte von

Meilen durch den dichten Regenwald erstreckten. Die wichtigsten Waffen der Maya waren Schwerter, Speere und Pfeil und Bogen, wobei die meisten dieser Waffen aus Obsidian gefertigt waren. Die Gefangennahme war ein zentraler Bestandteil der Maya-Kriegsführung, insbesondere die Gefangennahme von Königen. Diese Gefangenen waren oft die Hauptopfer, wenn Menschenopfer dargebracht wurden.

Am Ende der klassischen Epoche hatten viele kriegsgebeutelte Herrscher der mittleren und südlichen Tiefebene massive Verteidigungsanlagen um ihre Städte errichtet. Es gibt auch Belege dafür, dass die Landbevölkerung, die einst sorglos an der Peripherie der Städte lebte, allmählich näher an die Stadt heranrückte. Dies zeigt, dass die zerstörerische Kriegsführung zu dieser Zeit für viele Maya-Bevölkerungen zu einer echten existenziellen Bedrohung geworden war. In den nächsten drei Kapiteln werden wir untersuchen, wie die Kriegsführung und viele andere Faktoren zum Untergang der städtischen Zentren der klassischen Maya führten.

Kapitel 6: Tikal: Die Maya-Stadt des Jaguargottes

Tikal war eine der größten Städte der Maya-Zivilisation in der klassischen Epoche. Sie befand sich im heutigen Norden Guatemalas im Petén-Becken, 65 Kilometer südwestlich von den heutigen Städten Flores und Santa Elena und 300 Kilometer nördlich von Guatemala-Stadt.

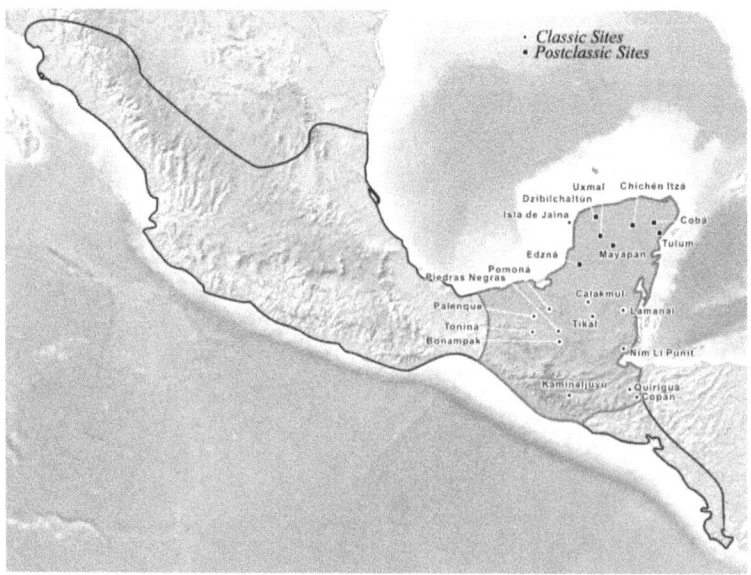

Tikal befindet sich in der Mitte des hervorgehobenen Gebiets.
Kmusser, CC BY-SA 3.0 <http://creativecommons.org/licenses/by-sa/3.0/>, via Wikimedia Commons https://commons.wikimedia.org/wiki/File:Mayamap.png

Die Stadt ist eine der am besten erforschten mesoamerikanischen Stätten, da sie eine umfangreiche Dokumentation der Herrscher und zahlreiche Tempel, Gräber und Monumente besitzt. Die archäologische Stätte wurde 1955 Teil des Tikal-Nationalparks und war damit das erste staatlich geschützte Gebiet des Landes. Im Jahr 1979 wurde sie offiziell in die Liste des UNESCO-Weltkulturerbes aufgenommen.

Die Gesamtfläche der Stadt betrug über 16 Quadratkilometer und auf dem gesamten Gelände wurden etwa 3.000 Bauwerke gefunden. Einige der ältesten Bauwerke in Tikal stammen aus dem 4. Jahrhundert v. Chr. und Hinweise auf die landwirtschaftliche Produktion in der Stadt gehen auf das Jahr 1000 v. Chr. zurück.

In der gesamten archäologischen Ausgrabungsstätte wurde eine Vielzahl von Maya-Keramiken aus der Zeit zwischen 700 und 400 v. Chr. entdeckt, die auf eine dauerhafte, urbanisierte Bevölkerung mit ausgeprägten kulturellen Einflüssen der Maya hinweisen. Viele der ersten größeren Bauprojekte für die Stadt fanden zwischen 400 und 300 v. Chr. statt, einer Zeit, in der Tikal viel kleiner war als die nahe gelegenen nördlichen Städte El Mirador und Nakbe. Die Herrscherdynastie der Stadt nahm ihren Anfang im 1. Jahrhundert n. Chr. und umfasste im Laufe von 800 Jahren dynastischer Herrschaft mehr als 33 Herrscher.

Die Stadt erlebte den Höhepunkt ihrer regionalen Vorherrschaft zwischen 200 und 900 nach Christus. Auf dem Höhepunkt seiner Macht beherrschte Tikal das Maya-Tiefland. Über die Bevölkerungszahl der Stadt sind sich die Gelehrten nicht einig, die Schätzungen reichen von 10.000 bis 90.000. Zwischen 700 und 830 n. Chr. verzeichnete die Stadt einen massiven Bevölkerungszuwachs, der jedoch im 9. Jahrhundert rapide abnahm. Zu Beginn des 11. Jahrhunderts war die Stadt fast vollständig verlassen.

Die Stadt befand sich auf einigen der fruchtbarsten Böden der Region und verfügte über ausgedehnte Handelsnetze, die sich über ganz Mesoamerika erstreckten. Allerdings verfügte die Stadt über keine Süßwasserquellen in unmittelbarer Nähe, was sie sehr anfällig für Dürren machte, die aufgrund der unvorhersehbaren Regenfälle in der Region immer drohten.

Die Stadt verfügte über zehn große Speicher, die das Regenwasser in einem ausgeklügelten Wasserwirtschaftssystem auffingen, mithilfe dessen die Stadt versuchte, die Trockenzeiten zu überstehen. Die Ingenieure der Stadt bauten große, geneigte Flächen mit Kanälen, die diese Speicher umgaben und dazu dienten, so viel Regenwasser wie möglich aufzufangen.

Bauwerke

Der berühmteste Bereich der Stadt ist der Große Platz, der eine Reihe von Palästen, Altären und zwei der größten Pyramiden der Maya umfasst, die sich auf beiden Seiten des Platzes gegenüberstehen. Mehrere Dämme aus Kalkstein wurden gebaut, um die verschiedenen Teile der Stadt miteinander zu verbinden. Sie dienten als Straßen für die Bevölkerung und konnten in der Regenzeit auch als Dämme dienen.

Ein aktuelles Bild des Großen Platzes von Tikal.
chensiyuan, CC BY-SA 4.0 <https://creativecommons.org/licenses/by-sa/4.0>, via Wikimedia Commons https://commons.wikimedia.org/wiki/File:Tikal_mayan_ruins_2009.jpg

Der 47 Meter hohe Tempel I, der auch als „Tempel des großen Jaguars" bekannt ist, wurde in den 730er Jahren zum Gedenken an den Tod des Herrschers Jasaw Chan K'awil errichtet, der die Stadt zum Sieg über die rivalisierende Stadt Calakmul geführt hatte. Tempel II, der „Tempel der Maske", ist 38 Meter hoch und wurde vermutlich von Kasaw Chan K'awil zu Ehren seiner verstorbenen Frau erbaut.

Am Rande des Großen Platzes befindet sich die höchste Pyramide Tikals, der „Tempel der Doppelschlange", mit einer Höhe von 70 Metern. Es wird angenommen, dass der Tempel zu Ehren des Sohnes von Jasaw Chan K'awiil im Jahr 740 erbaut wurde. Neben diesen drei Pyramiden, die sich im Zentrum der Stadt befinden, wurden fünf weitere Pyramiden in der archäologischen Stätte gefunden, die für einen verstorbenen Herrscher errichtet wurden.

Die nördliche Akropolis befindet sich nördlich des großen Platzes, der zweieinhalb Hektar an heiligen Gräbern und Tempeln umfasst. Die Akropolis ist eine der am besten erforschten archäologischen Stätten Mesoamerikas. Der Bau der nördlichen Akropolis begann in der Mitte des 4. Jahrhunderts v. Chr. und wurde zum zentralen Ort für die Bestattung verstorbener Herrscher.

Ein Blick auf die Nordakropolis vom Großen Platz aus.
Elelicht, CC BY-SA 3.0 <http://creativecommons.org/licenses/by-sa/3.0/>, *via Wikimedia Commons* https://en.wikipedia.org/wiki/File:Nord_Akropolis_Tikal.jpg

Südlich des Platzes befindet sich die zentrale Akropolis, in der sich der Hauptsitz der herrschenden Oberschicht befand. In den frühen Jahren der klassischen Periode war der Palast ein bescheidenes Zeremonialgebäude, aber als Tikal allmählich zu einer mächtigen Maya-Stadt wurde, wurde der Palast erweitert, um die wachsende politische Macht der Stadt im Tiefland zu unterstreichen.

Der Mundo Perdido ist ein 60.000 Quadratmeter großer Platz, auf dem sich die „Pyramide der Verlorenen Welt" befindet, eine der wichtigsten Attraktionen der Stadt. Der Platz hat eine besondere Bedeutung für die Geschichte der Stadt, da er der erste große Platz war, der während der vorklassischen Periode gebaut wurde, und schließlich der letzte Platz, der nach dem Niedergang der Stadt aufgegeben wurde.

Die restaurierte Westseite der Pyramide der Verlorenen Welt. Sie wurde von den Maya mehrmals umgebaut. Die erste Phase datiert auf das Ende der mittleren Präklassik, die letzte Phase auf etwa 300 n. Chr.
Simon Burchell, CC BY-SA 3.0 <http://creativecommons.org/licenses/by-sa/3.0/>, via Wikimedia Commons https://en.wikipedia.org/wiki/File:Mundo_Perdido_pyramid_5C-54,_Tikal.jpg

Zum Zeitpunkt des Niedergangs der Stadt war der Palast zu einem riesigen Komplex mit mehreren Gebäuden, Höfen und sogar einem eigenen Wasserreservoir geworden. Die Stadt verfügte auch über sieben Ballspielplätze, die für ein mesoamerikanisches Ballspiel genutzt wurden, das von der Bevölkerung gespielt wurde.

Das frühklassische Tikal

Die klassische Epoche brachte den Maya-Städten eine Periode der göttlichen Herrschaft. Die Herrscher wurden zunehmend als göttliche Wesen angesehen, die durch den Willen der Götter auf den Thron gesetzt wurden. Ihnen zu Ehren wurden zunehmend Denkmäler und Tempel errichtet, was den Archäologen half, die zeitliche Abfolge der Herrscher der Stadt zu bestimmen.

Die Dynastie von Tikal wurde von Yax Ehb Xook im 1. Jahrhundert n. Chr. gegründet, und bis zum 10. Jahrhundert gab es 33 Herrscher der Stadt. Es gibt Belege dafür, dass im Jahr 317 n. Chr. eine Königin namens Lady Unen Bahlam die Stadt regierte und damit die Jahrhunderte einer ausschließlich männlichen Dynastie beendete.

Während der gesamten frühklassischen Epoche wurden die Städte Tikal und Calakmul zu den dominierenden Mächten des Maya-Kernlandes. Mit dem Wachstum von Tikal wurde der Handel mit den Nachbarstädten zunehmend erleichtert, was auch anderen Städten in der Region half zu wachsen. Diese neue Machtdynamik im Maya-Kernland brachte Tikal jedoch auch viele Feinde. Die Mayastaaten Uaxactun, Caracol, Naranjo und Calakmul standen während der gesamten klassischen Periode in Konflikt mit Tikal.

Während der frühklassischen Periode kämpfte Tikal in zahlreichen Schlachten gegen die Stadt Uaxactun. Der rivalisierende Staat Caracol besiegte Tikal während der frühklassischen Periode, und Caracol verdrängte Tikal für einige Zeit als dominierende Macht im Maya-Tiefland, bis Tikal wieder zur mächtigsten Stadt der Region wurde.

Beziehungen zu Teotihuacán

Teotihuacán, eine große Stadt im Tal von Mexiko, hatte eine enge Beziehung zu Tikal. Zu Beginn des 3. Jahrhunderts n. Chr. ließ die Stadt Teotihuacán mehrere Botschaften in Tikal errichten, obwohl es über 1200 Kilometer entfernt lag. Viele der Denkmäler und Gebäude, die in dieser Zeit in Tikal errichtet wurden, wiesen direkte Einflüsse aus Teotihuacán auf, der größten Stadt Mesoamerikas zu dieser Zeit. Es gibt auch Hinweise darauf, dass die beiden Völker sogar dieselbe Religion praktizierten und viele der gleichen Götter verehrten.

Der vierzehnte König von Tikal, Chak Tok Ich'aak, errichtete einen großartigen Palast, der jahrhundertelang eines der wichtigsten Bauwerke der Stadt sein sollte. Es gibt Hinweise darauf, dass Chak Tok Ich'aak im späten 4. Jahrhundert n. Chr. vom König von Teotihuacán, Siyah K'ak, gestürzt wurde. Man geht auch davon aus, dass diese Invasion mit Hilfe einiger politischer Gruppierungen innerhalb Tikals durchgeführt wurde.

Nach der Eroberung der Stadt wurde Chak Tok Ich'aak hingerichtet, und der Sohn von Siyah K'ak, Yax Nuun Ayiin I., wurde zum Herrscher der Stadt ernannt und regierte 47 Jahre lang. Tikal erlangte bald völlige Autonomie von der politischen Macht, als Teotihuacán im 6. Jahrhundert zu verfallen begann. Doch während Tikal an Bedeutung gewann, blieben die Städte sowohl militärische Verbündete als auch wichtige Handelspartner.

Rivalität mit Calakmul

Im 6. Jahrhundert wurden die Städte Tikal und Calakmul zu rivalisierenden Regionalmächten, die sich mit benachbarten Städten verbündeten. In den nächsten Jahrhunderten bis zum endgültigen Niedergang kam es zu einem „Kalten Krieg" zwischen den beiden Städten, da beide um politischen Einfluss im Tiefland wetteiferten.

Calakmul verlagerte die Machtverhältnisse schnell zu seinen Gunsten, indem es ein Bündnissystem mit vielen Städten im Tiefland, darunter El Zotz, El Peru und Caracol, aufbaute. Die Allianz besiegte Tikal im Jahr 562 n. Chr. erfolgreich. Die Niederlage zerstörte Tikal zwar nicht vollständig, aber seine regionale Vorherrschaft ging mehrere Jahrzehnte lang rapide zurück. Diese Niederlage löste eine Periode aus, die als „Tikal-Hiatus" bezeichnet wird, eine Periode, in der in der Stadt keine großen Bauprojekte oder Schriften entstanden. Im späten 6. Jahrhundert wurden viele der Denkmäler und Strukturen der Stadt verunstaltet.

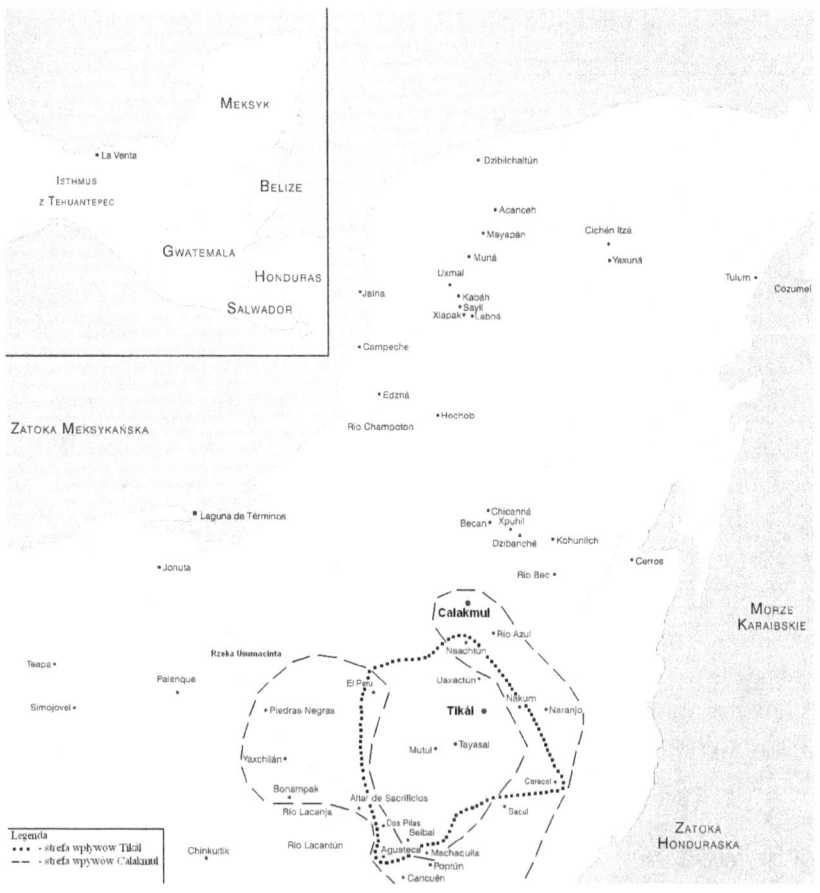

Eine Karte mit den Verbündeten von Tikal und Calakmul und ihren Einflussbereichen.
https://commons.wikimedia.org/wiki/File:Map_Kaan_%26_Mutal.jpg

Caracol und Calakmul stiegen während des „Tikal-Hiatus" zu den beiden wohlhabendsten Städten der Region auf. Die Niederlage von Tikal markierte das Ende der frühklassischen und den Beginn der spätklassischen Maya-Zeit.

Tikal gewann jedoch allmählich wieder an Stärke und entwickelte sich erneut zum Hauptkonkurrenten von Calakmul und seinen Verbündeten. Im Jahr 629 gründete Tikal die Siedlung Dos Pilas 110 Kilometer südwestlich der Stadt. Dos Pilas diente als defensiver militärischer Außenposten, der die Handelsinteressen der Stadt in der Nähe des Flusses Pasion schützte.

Im Jahr 655 fiel Calakmul erfolgreich in Dos Pilas ein, und der König der Stadt wurde gezwungen, ein Vasallenherrscher von Calakmul zu werden. Mit maßgeblicher Hilfe und Anleitung durch Calakmul erklärte Dos Pilas seiner ehemaligen Herrscherstadt bald den Krieg. Dos Pilas griff Tikal im Jahr 657 erfolgreich an und zwang die Könige von Tikal zur Flucht aus der Stadt. Im Jahr 672 griff Tikal Dos Pilas zur Vergeltung an und zwang die Herrscher der Stadt, ins Exil zu fliehen.

Im Jahr 738 errang Tikal einen entscheidenden Sieg in einem direkten Kampf mit seinem Rivalen und richtete den König von Calakmul hin. Diese Niederlage zerstörte sowohl die militärische als auch die politische Stärke von Calakmul, und die Stadt verfiel rasch. Obwohl Tikal den Krieg gegen Calakmul schließlich gewann, sollte es bald das gleiche Schicksal erleiden wie sein Rivale in der letzten Phase der Spätklassik.

Siedlungen und Kolonien

Tikal eroberte im späten 4. Jahrhundert eine kleine Siedlung nordöstlich der Stadt namens Rio Azul. Eine Inschrift aus dem Jahr 385, die in Rio Azul gefunden wurde, zeigt, wie die herrschende Oberschicht der Stadt von Kriegern aus Tikal hingerichtet wurde.

Rio Azul war eng mit Tikal verbunden, sowohl als Verteidigungsgarnison zum Schutz vor Invasionen aus dem Norden als auch als Außenposten an den karibischen Handelsrouten. Die kleine Stadt unterstützte Tikal auch in seinem Krieg gegen Calakmul, da sie am Fluss Hondo lag, der Calakmul mit dem Atlantik verband.

Die Stadt Uaxactun und viele andere kleinere Maya-Siedlungen wie Bejucal und Motul de San José in der Region wurden schließlich unter die Kontrolle von Tikal gebracht. In der Mitte des 5. Jahrhunderts kontrollierte die Stadt ein Gebiet von 41 Quadratkilometern.

Abgesehen von diesen Siedlungen, die als militärische Garnisonen und Festungen genutzt wurden, verfügte Tikal über zahlreiche natürliche Verteidigungsbarrieren, darunter Sümpfe im Osten und Westen der Stadt. Im 5. Jahrhundert wurde zum Schutz der Stadt ein massives, 120 Quadratkilometer großes Befestigungssystem errichtet, was darauf hindeutet, dass die Kriegsführung im gesamten südlichen und zentralen Tiefland immer häufiger wurde.

Beziehung zu Copan

Im 5. Jahrhundert geriet die südliche Stadt Copan unter die Kontrolle von Tikal, als die Stadt begann, ihren Einfluss auf das gesamte südöstliche Maya-Gebiet auszudehnen. Es gibt Hinweise darauf, dass der Gründer der Dynastie von Copan, K'inich Yax K'uk Mo', in Tikal aufgewachsen war und möglicherweise durch Tikals Eingreifen die Leitung der Stadt übernommen hatte. Danach wurde die Stadt zu einem der engsten Verbündeten Tikals, sowohl als Handelspartner als auch als militärischer Verbündeter.

Ein Vasallenstaat von Copan, Quiriguá, rebellierte 738 gegen seinen Herrscher und gewann seine Unabhängigkeit. Einige Experten glauben, dass dieser Schritt in die Unabhängigkeit von Calakmul unterstützt wurde, da eine Schwächung der politischen Macht von Copan das Bündnissystem von Tikal stark geschwächt hätte.

Die letzte Phase der Spätklassik

Das 9. Jahrhundert markierte eine Periode des steilen Niedergangs für die Stadt und einen Großteil der übrigen Maya-Städte im Tiefland. Da die Region zunehmend von Kriegen heimgesucht wurde, zogen die Bewohner Tikals immer mehr ins Innere der Stadt, um durch die Verteidigungsanlagen geschützt zu sein. Die Handelswege, die die Stadt mit dem Rest Mesoamerikas verbanden, wurden empfindlich gestört, und die Kosten des Krieges zehrten sowohl an der Wirtschaft der Stadt als auch an der Moral der Bevölkerung.

Viele Experten sind der Ansicht, dass der Untergang von Tikal zum Teil auf die Überbevölkerung des Landes zurückzuführen ist, die eine immense Umweltzerstörung in der Region verursachte und zu einem Zusammenbruch der landwirtschaftlichen Produktion führte. Die landwirtschaftlichen Praktiken der Stadt verursachten eine massive Umweltzerstörung in der Region, da das Land übermäßig bewirtschaftet und überbevölkert wurde. Die Umgebung war stark entwaldet, und der Boden war nährstoffarm, was den Anbau von Feldfrüchten während einer schweren Dürre unmöglich machte. Als eine schwere saisonale Dürre über das Gebiet hereinbrach, wurden diese Umweltprobleme noch erheblich verschärft.

Große Mengen giftiger Chemikalien wie Quecksilber und Phosphat verseuchten auch einen Großteil der Wasserquellen der Stadt. Jüngste Forschungsergebnisse deuten darauf hin, dass das von den Ingenieuren der Stadt geschaffene komplexe Wassermanagementsystem zum Untergang der Stadt beigetragen haben könnte.

Die weit verbreitete Verwendung von Zinnober-Farbstoff, der große Mengen Quecksilber enthält, könnte dazu geführt haben, dass die giftige Substanz bei starken Regenfällen in die Wasserquellen gelangte. Zinnober war in den Städten der Klassischen Maya nicht zu vermeiden, da er für die Außenbemalung von Gebäuden und als Färbemittel für Kleidung verwendet wurde. Außerdem wurden in den Wasserspeichern große Mengen an Phosphat gefunden, die eine Blüte giftiger Algen verursachten. Der am stärksten verschmutzte Wasserspeicher befand sich in der Nähe des Königspalastes der Stadt, was darauf hindeutet, dass die Herrscher am stärksten von den giftigen Wasservorräten betroffen gewesen sein könnten.

Im 9. Jahrhundert waren die Wasserspeicher, auf die sich die Bevölkerung der Stadt jahrhundertelang verlassen hatte, stark verschmutzt. Dies erwies sich als schlechtes Timing, da die Region in den letzten Jahren der klassischen Periode von einer Reihe schwerer Dürren heimgesucht werden sollte. Da es in der Stadt keine Wasservorräte mehr gab und kein Regenwasser gesammelt werden konnte, blieb der Bevölkerung nichts anderes übrig, als die Stadt zu verlassen.

Wasser ist ein integraler Bestandteil jeder Zivilisation, aber im spirituellen Glauben der klassischen Maya war es besonders wichtig. Die Verschmutzung ihrer einzigen Wasserquellen und das Ausbleiben natürlicher Regenfälle könnten auch ein göttlich-spirituelles Element in den Niedergang von Tikal gebracht haben, da ein Großteil der Stadtbevölkerung geglaubt haben könnte, dass die Stadt verflucht oder von den Göttern bestraft worden sei.

Zwischen 830 und 950 brach die Regierung von Tikal rasch zusammen, und ein Großteil der Bevölkerung verließ die Stadt. Im Laufe des 9. Jahrhunderts begannen die benachbarten Vasallensiedlungen, Denkmäler zu errichten, die ihre eigenen lokalen Herrscher und Bräuche feierten, was darauf hindeutet, dass sie den Niedergang Tikals als Chance für ihre Unabhängigkeit nutzten.

Im späten 9. Jahrhundert wurden einige Monumente errichtet, um die Stadt zu verjüngen, aber ohne Erfolg. Zu Beginn des 11. Jahrhunderts war die Stadt fast vollständig verlassen, und die verbliebenen Einwohner lebten verstreut in den Ruinen der Stadt.

Zu Beginn des 16. Jahrhunderts kamen der spanische Eroberer Hernan Cortes und sein Expeditionskorps unwissentlich direkt an Tikal und den verlassenen Ruinen dessen vorbei, was nur wenige Jahrhunderte zuvor eine der größten Städte der Maya-Zivilisation gewesen war. Der Untergang von Tikal war ein entscheidender Moment für das Volk der Maya. Eine der größten Städte der Region, die den Höhepunkt der Kunst, Architektur und Kultur der Maya darstellte, wurde vom Wald verschluckt und sollte nie wieder bewohnt werden.

Kapitel 7: Calakmul: Das verlorene Maya-Reich

Calakmul war eine der bedeutendsten Städte des Tieflandes während der klassischen Periode und erwies sich als größter Rivale von Tikal. Die Stätte liegt heute im Bundesstaat Campeche in Mexiko, 35 Kilometer von der mexikanisch-guatemaltekischen Grenze entfernt.

Calakmul war die führende Stadt des „Schlangenkönigreichs", das während des größten Teils der klassischen Periode über einen Großteil des zentralen Tieflands herrschte. Zu ihrer Blütezeit lebten in der Stadt schätzungsweise 50.000 Menschen, und die Gesamtfläche der Stadt betrug 20 Quadratkilometer. Calakmul liegt 10 Meter über dem Meeresspiegel, und unmittelbar westlich davon befindet sich ein großes sumpfiges Gebiet. Die Lage der Stadt ermöglichte den Bewohnern den Zugang zu den besonders fruchtbaren Böden der Sumpfgebiete und machte sie zu einer der produktivsten landwirtschaftlichen Regionen des zentralen Tieflands.

Auf dem Höhepunkt seiner regionalen Vorherrschaft kontrollierte das Königreich ein Gebiet von fast 13.000 Quadratkilometern. Die Stadt beherrschte 20 Siedlungen in ihrem gesamten Gebiet, in denen insgesamt 200.000 Menschen lebten. Nimmt man diese Siedlungen, die ländlichen Gebiete und die Stadt selbst zusammen, so belief sich die Gesamtbevölkerung des Stadtkönigreichs während der klassischen Periode auf schätzungsweise 1,5 Millionen Menschen.

Doch genau wie in Tikal sank die Bevölkerung der Stadt im 9. Jahrhundert rapide auf zehn Prozent dessen, was sie nur wenige

Jahrzehnte zuvor gewesen war.

Auf dem gesamten archäologischen Gelände der Stadt wurden 6.750 bauliche Anlagen entdeckt, und trotz ihrer abgelegenen Lage abseits moderner Besiedlung ist sie eine der am häufigsten ausgegrabenen Stätten der Halbinsel Yucatán.

Der Aufbau der Stadt

Für den Bau der zahlreichen Steinbauten der Stadt wurde in erster Linie weicher Kalkstein verwendet, der besonders anfällig für Erosion ist. Die Verwendung dieses Materials und die besonders abgelegene Lage der Stadt im dichten zentralen Tieflandregenwald haben die Archäologenteams bei ihren Untersuchungen der Stadt vor viele Herausforderungen gestellt.

Die Stätte ist ein leuchtendes Beispiel für die Komplexität des Wasserwirtschaftssystems der Maya, da große Kanäle und Speicher über die gesamte Stadt verteilt sind. Die Stadt beherbergt das größte Speicherbecken der gesamten klassischen Maya-Zivilisation, mit einer Fläche von 450.000 Quadratmetern. Das Wasser in diesem kolossalen Becken stammt aus einem kleinen Bach, der während der Regenzeit in das Becken floss. Die Region Calakmul erhält viel weniger Niederschlag als der Rest des zentralen und südlichen Tieflands, so dass dieses Wasserwirtschaftssystem entscheidend für das Überleben und den Wohlstand der Stadt war.

Die 13 verschiedenen Wasserspeicher in der Stadt konnten zusammen 220 Millionen Liter Wasser fassen, was für eine Bevölkerung von 100.000 Menschen ausreichen würde. Diese Wasserspeicher wurden wahrscheinlich ausschließlich für den Verbrauch der Stadtbevölkerung genutzt, da es keine Hinweise auf eine landwirtschaftliche Nutzung gibt.

Die Stadt wurde von acht verschiedenen großen Dammwegen durchzogen. Diese Dämme verbanden die Peripherie der Stadt mit ihrem Zentrum und verbanden die Stadt mit den benachbarten verbündeten Städten, wie El Mirador und Nakbe. Der längste dieser Dämme, der die Stadt mit ihrem engen Verbündeten El Mirador verband, erstreckte sich über 38 Kilometer.

Die Bauwerke 1 und 2 sind die Hauptpyramiden von Calakmul und befinden sich im Zentrum der Stadt. Bauwerk 1 ist 50 Meter hoch und besitzt an seiner Basis eine Gruppe kleiner Stelen. Bauwerk 2 ist eines der größten Bauwerke der Maya-Zivilisation und ragt 45 Meter in die Höhe. Wie viele andere klassische Pyramiden verfügt auch die Bauwerk 2 im

Inneren über mehrere andere Tempel, wobei die einzelnen Bauwerke übereinander gebaut sind.

Ein Foto von Bauwerk 2. Wie andere Maya-Pyramiden erreichte auch das Bauwerk 2 seine gewaltige Größe im Laufe der Jahre, in denen auf dem ursprünglichen Fundament gebaut wurde.
ant_mela, CC BY 2.0 <https://creativecommons.org/licenses/by/2.0>, via Wikimedia Commons
https://commons.wikimedia.org/wiki/File:Calakmul95.jpg

Ein in Bauwerk 2 gefundenes Grab war eines der reichsten Gräber, die in der Welt der Maya gefunden wurden, und enthielt viele wertvolle Artefakte aus Jade, Obsidian und zahlreiche Keramikarbeiten. Man nimmt an, dass das Grab einem mächtigen König gehörte, der im 7. Jahrhundert an die Macht kam.

Bauwerk 7 ist eine 24 Meter hohe Pyramide, die im nördlichen Teil des Platzes liegt. An der Spitze der Pyramide befindet sich ein kleiner Tempel mit drei Räumen, in dem ein Patolli-Spielbrett gefunden wurde. Patolli war eines der am weitesten verbreiteten Brettspiele der Maya und wurde sowohl von der Stadtbevölkerung als auch von ihren Herrschern gespielt. Das Spiel war ein Glücksspiel und wurde oft mit hohem Einsatz gespielt.

In den Ruinen der Stadt wurden 117 Stelen gefunden, die größte Anzahl aller klassischen Maya-Städte. Die meisten von ihnen stellen Herrscher der königlichen Dynastie von Calakmul und ihre Frauen dar. Wie viele andere Bauwerke in Calakmul sind auch die Inschriften aufgrund des weichen Kalksteins stark erodiert.

Der Marktplatz der Maya während der Klassik

Überall in Calakmul wurden viele großflächige Wandmalereien angebracht, die das alltägliche Leben in der Stadt darstellen. Große Szenen eines belebten Marktplatzes zeigen die geschäftige, bevölkerungsreiche Metropole und die alltäglichen Interaktionen der Einwohner in der klassischen Epoche. Dies unterscheidet sich von vielen anderen Städten der Klassik, deren Wandmalereien sich auf ihre göttlichen Herrscher, die Maya-Gottheiten oder epische Schlachtszenen konzentrieren.

Während der gesamten klassischen Epoche gab es in städtischen Zentren wie Calakmul große, lebhafte Märkte, die als wirtschaftliche Kraftzentren der Städte dienten. Diese Märkte befanden sich in der Regel auf dem zentralen Platz der Städte und dienten als Versammlungsort für die Stadtbevölkerung, die hier ihre täglichen Besorgungen und Aktivitäten erledigte. Die Händler reisten durch das gesamte Maya-Gebiet und darüber hinaus, verkauften in der Stadt hergestellte regionale Luxusartikel und kauften exotische Gegenstände aus Städten in ganz Mesoamerika.

Die meisten Händler der städtischen Zentren verkauften ihre Waren innerhalb der Stadtgrenzen und reisten wahrscheinlich in die ländlichen Außenbezirke der Region, um Waren von Landwirten und anderen Produzenten zu kaufen. Während diejenigen, die außerhalb der Stadt Handel trieben, höchstwahrscheinlich ausschließlich männlich waren, konnten sowohl Männer als auch Frauen als Verkäufer auf dem Markt auftreten.

In Calakmul wurden die langgestreckten Dammwege, die zu anderen benachbarten Städten führten, höchstwahrscheinlich täglich von Käufern und Verkäufern genutzt. Es ist gut dokumentiert, dass Calakmul während der gesamten klassischen Periode gute Handelsbeziehungen unterhielt.

Die reisenden Händler, die „Polom" genannt wurden, legten weite Strecken zurück, um mit anderen Städten Handel zu treiben, wobei einige sogar häufig nach Zentralmexiko reisten. Diese Händler stammten meist aus den unteren sozioökonomischen Schichten der Stadt, da Kaufleute nicht den hohen Status hatten wie die Fernhändler anderer mesoamerikanischer Gesellschaften wie der Azteken.

Werkstätten waren ein wesentlicher Bestandteil der Maya-Städte, da sie Keramik, Schmuck und andere handwerkliche Waren herstellten, die für die jeweilige Stadt kennzeichnend waren. Diese kulturellen Objekte und ihre unverwechselbaren Stile wurden zu Markenzeichen der Stadt und in ganz Mesoamerika verkauft. Städte, die eng miteinander verbunden waren, wie El Mirador und Calakmul, neigten zu einer beträchtlichen gegenseitigen Verbreitung von handwerklichen Kulturgütern.

Ein in Calakmul gefundener Keramikteller, datiert auf 600-800 n. Chr.
Sailko, CC BY-SA 3.0 <https://creativecommons.org/licenses/by-sa/3.0>, via Wikimedia Commons https://commons.wikimedia.org/wiki/File:Messico,_maya,_piatto_da_calakmul,_600-800_ca.,JPG

In den ländlichen Gebieten an der Peripherie der Städte tauschten die Bauern häufig Ernten und Waren mit ihren Nachbarn. Wenn die Bauern in einer guten Saison einen Überschuss an Feldfrüchten hatten, brachten sie diese oft auf den Marktplatz, um sie an die Stadtbevölkerung zu verkaufen. Es hat den Anschein, dass die Händler des täglichen Bedarfs eine große Macht innerhalb der städtischen Wirtschaft besaßen, obwohl es wahrscheinlich ist, dass die herrschende Klasse eine Steuer auf Transaktionen innerhalb der Stadt erhob.

Frühgeschichte

Die Städte Calakmul und El Mirador waren in der Vorklassik beide bedeutende Städte, und es gibt Hinweise darauf, dass sie eine sehr enge Handelsbeziehung unterhielten. Calakmul übertraf El Mirador während der klassischen Epoche bei weitem, und man vermutet, dass viele der Einwohner von El Mirador während der späten Vorklassik nach Calakmul umzogen. Die Städte Calakmul, El Mirador, Nakbe und El Tintal waren alle durch ein Netz von Dammwegen miteinander verbunden, was darauf schließen lässt, dass die Bevölkerung frei zwischen den Städten reisen konnte.

Rivalität mit Tikal

In der Mitte des 6. Jahrhunderts begann die Stadt, sich mit vielen Städten im Tiefland zu verbünden, und es kam zum Krieg mit Tikal. Die beiden Städte wurden zu den „Supermächten" des Tieflandes, da jede Stadt Bündnissysteme aufbaute und Stellvertreterkriege führte, um die politische Macht der anderen zu schmälern. Die meisten Wissenschaftler sind sich einig, dass es bei dieser Rivalität höchstwahrscheinlich um die Kontrolle der Ressourcen und Handelswege der Region ging und nicht um einen ideologischen Krieg.

Obwohl Tikal eine viel größere Bevölkerung hatte, erwiesen sich die Führer von Calakmul als kluge Diplomaten, die mit den meisten Städten und Siedlungen der Region ein Bündnis eingingen. Während des 6. und 7. Jahrhunderts war Tikal vollständig von Städten des Bündnissystems von Calakmul umgeben. Tikal war vom Rest des Tieflandes abgeschnitten, und die meisten seiner Verbündeten waren entweder besiegt worden oder hatten sich mit Calakmul verbündet.

Während dieser Zeit hatte Calakmul die nahezu unangefochtene politische Kontrolle über die gesamte Region, und sein ausgedehntes Bündnissystem bildete viele neue Handelsnetze, die der Stadt großen Reichtum einbrachten. Viele der eroberten Städte in der Region wurden als Vasallenstaaten eingestuft, die gezwungen waren, Calakmul Tribut zu zahlen.

Nachdem Calakmul Tikal im frühen 7. Jahrhundert in einer Schlacht besiegt hatte, ging es mit Tikal rapide bergab, so dass Calakmul zur dominierenden Stadt der Region wurde und die spätklassische Periode einleitete.

Tikal erholte sich jedoch bald wieder und besiegte Calakmul in einer großen Schlacht im Jahr 695. Der König von Calakmul wurde in der

Schlacht getötet, und die politische Macht der Stadt ging bis in die Zeit der Endklassik stark zurück.

Krieg mit Palenque und Naranjo

Im Jahr 599 griffen Calakmul und die kleine Stadt Santa Elena Palenque an und plünderten die Stadt. Nach der Niederlage war Palenque gezwungen, eine Vasallenstadt zu werden und Tribut an Calakmul zu zahlen. Doch schon ein Jahrzehnt nach der Schlacht begann die Stadt, Schritte in Richtung Unabhängigkeit zu unternehmen, was den Herrscher von Calakmul verärgerte.

Im Jahr 611 griff Calakmul Palenque an, und viele Adelige der Stadt wurden getötet. Die Stadt wurde von den Streitkräften Calakmuls geplündert und erlebte einen rapiden Niedergang, von dem sie sich während der klassischen Epoche nie wieder erholte. Es wird angenommen, dass die Herrscher von Calakmul ein großes politisches Interesse an der Einnahme der Region Palenque hatten. Sie befürchteten, dass sich die Stadt mit Tikal verbünden würde und dass sie als Vorposten für einige der wichtigsten Handelsrouten des Tieflandes dienen könnte.

Irgendwann in den 620er Jahren rebellierte die nahe gelegene Stadt Naranjo, die zu einem Vasallenstaat geworden war, gegen Calakmul. Nach einigen gescheiterten Versuchen wurde die Stadt schließlich im Jahr 631 zurückerobert. Der König von Naranjo wurde von den Kriegern aus Calakmul gefangen genommen, und Inschriften belegen, dass er gefoltert und hingerichtet wurde. Inschriften aus Calakmul deuten darauf hin, dass nicht nur der König nach der Schlacht hingerichtet, sondern auch die gesamte königliche Familie getötet wurde. Calakmul setzte daraufhin eine neue königliche Familie ein, die ihrer politischen Autorität treu ergeben war.

Die Beziehung zu Dos Pilas

Dos Pilas war eine kleine Siedlung, die 629 von Tikal gegründet wurde, um die Handelswege am Fluss Pasión zu schützen. Der Bruder des Königs von Tikal wurde im Jahr 635 zum König von Dos Pilas ernannt und kämpfte viele Jahre lang mit Tikal gegen Calakmul.

Im Jahr 648 wurde Dos Pilas von Calakmul angegriffen, was zur Gefangennahme des Königs der Stadt und zum Tod einer adeligen Oberschicht aus Tikal führte. Anstatt den König von Dos Pilas hinzurichten, beschloss Calakmul, ihn als Vasallenkönig auf seinen früheren Thron zu setzen, um gegen seinen ehemaligen Verbündeten Tikal zu kämpfen.

Im Jahr 657 griff Dos Pilas, nun mit Hilfe und unter Führung von Calakmul, Tikal an und zwang einen Großteil der herrschenden Klasse zur Flucht aus der Stadt. Obwohl die beiden ehemals verbündeten Städte nun Feinde waren, benutzte Dos Pilas während des Konflikts weiterhin viele Symbole und Embleme von Tikal. Viele Gelehrte glauben, dass die Herrscher von Dos Pilas Ambitionen hatten, den Thron von Tikal zu besteigen.

Im Jahr 672 griff Tikal Dos Pilas an, eroberte die Stadt und zwang viele ihrer Herrscher ins Exil. Calakmul griff ein und begann, sein Bündnissystem zu konsolidieren, in der Hoffnung, Tikal und sein Gebiet vollständig einschließen zu können.

Im Jahr 677 griff Calakmul Dos Pilas an, eroberte die Stadt und setzte den ehemaligen König wieder auf den Thron. Zwei Jahre später besiegte eine verbündete Streitmacht von Dos Pilas und Calakmul Tikal in einer großen Schlacht, obwohl dieser Sieg keine großen Auswirkungen auf den Konflikt zwischen Tikal und Calakmul zu haben schien.

Der Niedergang

In den frühen 740er Jahren errichtete die Stadt fünf verschiedene Stelen. Zu diesem Zeitpunkt war die politische Macht von Calakmul nur noch ein Bruchteil dessen, was sie einst war. Im gesamten Tiefland wurden viele von Calakmuls treuesten Verbündeten von Tikal besiegt. Die politische Macht der Herrscher von Calakmul war vollständig von diesem starken Bündnissystem abhängig, und als es zu bröckeln begann, begann auch die Stadt zu verfallen.

Eine der in Calakmul gefundenen Stelen. Diese wird auf die 730er Jahre datiert.
Gary Todd, CC0, via Wikimedia Commons
https://commons.wikimedia.org/wiki/File:Classic_Maya_Stele_51,_Calakmul,_Campeche.jpg

In der Endphase der klassischen Epoche begann Calakmul, sich auf den Handel mit seiner Umgebung im zentralen Tiefland und dem nördlichen Yucatán zu konzentrieren. Dies könnte darauf hindeuten, dass die Regierung von Calakmul den Niedergang der Region voraussah und hoffte, sich durch den Aufbau von Beziehungen zu wachsenden Städten im Norden wie Chichén Itzá über Wasser zu halten.

Die letzten Bauwerke, die im klassischen Calakmul errichtet wurden, waren drei Stelen aus dem Jahr 810, also etwa zu der Zeit, als die Regierung der Stadt nach Ansicht der Historiker vollständig zusammenbrach. In dieser Zeit begannen die Städte, die Calakmul einst beherrschte, zunehmend, ihre eigenen Kulturdenkmäler zu errichten und sich von den ausgeprägten kulturellen Praktiken ihrer früheren Machthaber zu lösen.

Es gibt Hinweise darauf, dass eine kleine Bevölkerungsgruppe, vielleicht sogar ein Teil der herrschenden Klasse, in der Stadt blieb, nachdem sie im 9. Jahrhundert den größten Teil ihrer Bevölkerung verloren hatte. Es wurden einige Denkmäler errichtet, die jedoch im Vergleich zu den Denkmälern der klassischen Periode sehr grobschlächtig konstruiert waren. Dies könnte ein Versuch gewesen sein, die Stadt wieder zu beleben und sie wieder zu dem zu machen, was sie einmal gewesen war.

Nach jahrhundertelanger politischer Vorherrschaft im zentralen und südlichen Tiefland wurden die großen Städte Calakmul und Tikal in der Zeit der Endklassik zu verlassenen Ruinen, die inmitten des riesigen zentralamerikanischen Regenwaldes lagen.

Von allen großen Städten der klassischen Epoche ist es den Historikern ein Rätsel, warum die beiden größten Städte so schnell zusammenbrachen und nie wieder besiedelt wurden. Ein großer Teil davon war sicherlich die jahrhundertelange Kriegsführung, denn die ständigen Kämpfe haben die Städte zweifelsohne wirtschaftlich ausgelaugt.

Die Historiker sind sich immer noch nicht sicher, was genau zu dem abrupten Verfall von Calakmul und den anderen klassischen Städten führte, aber immer mehr Beweise deuten auf einige wahrscheinliche Ursachen hin. Im folgenden Kapitel werden die zahlreichen Theorien und Beweise erörtert, die darauf hindeuten, warum die beiden Giganten des Tieflandes zusammenbrachen.

Kapitel 8: Der Zusammenbruch der klassischen Ära

Zwischen dem 8. und 9. Jahrhundert wurden die Maya-Städte im südlichen Tiefland rasch entvölkert. Dieser Zeitraum wurde als „Zusammenbruch der Maya-Klassik" bezeichnet, da die klassische Maya-Epoche durch die postklassische Maya-Periode abgelöst wurde. Das 9. Jahrhundert wird oft als die Endklassik bezeichnet.

Obwohl viele Theorien über den Zusammenbruch aufgestellt wurden, sind sich die Experten nicht sicher, was genau zum Zerfall der städtischen Maya-Gesellschaft im Tiefland führte. Es gibt Hinweise darauf, dass die großen Städte der Region, darunter Tikal, Calakmul und Palenque, im Laufe des 8. und 9. Jahrhunderts verfielen und dann bald vollständig aufgegeben wurden.

In dieser Zeit des Niedergangs gab es keine Inschriften auf Monumenten und keine großen Bauprojekte innerhalb der Städte. Dieser Zusammenbruch bedeutete jedoch nicht das Ende der Maya-Zivilisation.

Als die großen Städte des südlichen Tieflands zu scheitern begannen, füllten die Städte des nördlichen Yucatán das Machtvakuum und begannen, als neue beherrschende Städte der Maya-Welt zu gedeihen. Viele dieser neuen Städte im Norden übernahmen zahlreiche kulturelle Traditionen und Merkmale der Spätklassik, auch wenn viele künstlerische Stile in der Vergangenheit zurückblieben.

Die Stadt Chichén Itzá wurde während des Zusammenbruchs zur beherrschenden Macht der Halbinsel, und viele andere Städte sowohl im

Norden Yucatáns als auch im Hochland im Süden blühten bis zu den spanischen Eroberungen. Dieser Zeitraum wird zwar oft als „Zusammenbruch der Maya" bezeichnet, doch viele Mesoamerika-Experten lehnen diese Terminologie ab. Sie glauben stattdessen, dass sich die Macht, die in den Städten des südlichen Tieflands ihren Höhepunkt erreichte, in der gesamten Region verbreitete.

Theorien des Zusammenbruchs

Mesoamerikawissenschaftler haben fast hundert verschiedene Theorien aufgestellt, ohne sich auf eine einheitliche Erklärung einigen zu können. Eine Reihe von Themen scheint jedoch von der akademischen Gemeinschaft als Mitursache für den Zusammenbruch akzeptiert zu werden.

Der Zusammenbruch der städtischen Zentren der Maya aufgrund von Umweltfaktoren ist eine der führenden Theorien. Viele Wissenschaftler glauben, dass eine schwere Dürre oder eine Reihe von Dürreperioden in der Region den plötzlichen Niedergang verursachte. Eine andere Theorie, mit der sich Wissenschaftler beschäftigt haben, ist eine Invasion der Tolteken aus Zentralmexiko oder einer anderen fremden Kultur. Die meisten Wissenschaftler glauben jedoch nicht, dass es genügend Beweise dafür gibt, dass eine militärische Invasion allein die Maya-Gesellschaft zum Einsturz gebracht hat.

Mesoamerikanische Wissenschaftler haben immer wieder die Theorie aufgestellt, dass die im Tiefland vorherrschenden Überlandhandelsrouten, die Städte wie Tikal und Calakmul zu wirtschaftlichen Knotenpunkten des Handels machten, durch Überseehandelsrouten ersetzt wurden, die um die Halbinsel herumführten. Die Aufgabe der Handelsrouten durch das Tiefland könnte durch die ständigen Kriege in der Region verursacht worden sein, da viele Händler es sicherlich vorgezogen hätten, über das Meer zu reisen, anstatt durch das vom Krieg zerrissene Tiefland zu ziehen. Dadurch hätte sich die Machtdynamik der Maya von Yucatán vom südlichen und zentralen Tiefland in die Küstenregion verlagert. Die Auflösung der Handelswege, die die Maya jahrhundertelang miteinander verbunden hatten, hätte sicherlich zum Verfall der Städte in der Region geführt.

Eine große, ausgedehnte Dürre, die die Region überzog, ist die am weitesten verbreitete Theorie unter Wissenschaftlern auf diesem Gebiet. Moderne Forschungen haben ergeben, dass die jährlichen Niederschläge in der Region am Ende des Klassischen Zeitalters um 40 % zurückgingen.

Eine Dürre hätte die Bevölkerung daran gehindert, die landwirtschaftlichen Kulturen zu bewirtschaften, von denen die Städte völlig abhängig geworden waren, und viele der fruchtbaren Böden im Tiefland geschädigt. Während die zentralen Städte bei einer anhaltenden Dürre schnell zusammengebrochen wären, wären die Städte in Küstennähe wie Chichén Itzá von der Dürre weit weniger betroffen gewesen, da sie über relativ viele Süßwasserquellen verfügten.

Viele Menschen stellen sich das Kernland der Maya als tropischen Regenwald vor, in dem jedes Jahr reichlich Wasser vorhanden ist, doch die Region war besonders anfällig für lang anhaltende Dürren und verfügte nur über sehr wenige Süßwasserquellen. Viele Umweltschützer sind heute erstaunt, dass die Maya in einer so unwirtlichen Region der Welt gedeihen konnte.

Dem Mangel an permanenten Süßwasserquellen begegneten die Maya mit vielen ausgeklügelten Methoden zum Sammeln von Regenwasser. Eine schwere, lang anhaltende Dürre könnte jedoch dazu geführt haben, dass diese Methoden der Wasserspeicherung für die große Bevölkerung in den Städten nicht mehr praktikabel waren. Außerdem gibt es eindeutige Hinweise darauf, dass diese Wasservorräte zum Zeitpunkt des Zusammenbruchs stark verschmutzt waren.

Die Maya gehörten zu den fortschrittlichsten Landwirten der Welt, da sie eine Vielzahl von Techniken und Innovationen einsetzten, um das Land für die Ernährung der großen Bevölkerung in den Städten zu kultivieren. Die Anwendung von Brandrodungsmethoden in der Landwirtschaft hätte jedoch zu einer immensen Abholzung im gesamten Maya-Kernland geführt. Es hätte Jahrzehnte gedauert, bis sich die Wälder von dieser immensen, weit verbreiteten Umweltzerstörung erholt hätten.

Es gibt zudem einige Hinweise auf eine Revolution oder Rebellion der Bevölkerung in den Städten gegen ihre Herrscher. Viele sakrale Denkmäler und Bauwerke wurden um die Zeit des Zusammenbruchs verunstaltet und beschädigt, was darauf hindeuten könnte, dass die Bevölkerung die sakralen Strukturen der herrschenden Klasse symbolisch zerstörte, bevor sie die Städte verließ.

Die Städte, die nach dem Niedergang der klassischen Epoche an die Macht kamen, zeigen eine weitaus geringere „göttliche Verehrung" ihrer Herrscher, und es scheint, dass die postklassische Bevölkerung pragmatischere, weltlichere Regierungen anstrebte als die der klassischen Epoche. Als Dürre, Abholzung und Kriege die Region überzogen, war es nur logisch, dass sich die Bevölkerung schnell gegen ihre Herrscher wandte, die predigten, sie seien von den Göttern auf den Thron gesetzt worden, um ihr Volk zu schützen.

Während Mesoamerikaforscher nach einer primären Theorie über den Zusammenbruch der klassischen Maya suchen, wurde der Zusammenbruch der klassischen Städte des Tieflandes höchstwahrscheinlich durch eine Kombination von Umweltfaktoren sowie wirtschaftlichen und politischen Faktoren verursacht, die man vielleicht nie ganz verstehen wird.

Entgegen der landläufigen Meinung, dass der Zusammenbruch das Ende der Maya-Zivilisation bedeutete, blühten viele Regionen des Maya-Kernlandes nach dem 10. Jahrhundert auf, insbesondere an der Nordküste der Halbinsel.

Was viele Wissenschaftler vor ein Rätsel stellt, ist die Frage, warum das zentrale und südliche Tiefland nach dem Zusammenbruch nicht wieder besiedelt wurde. Die klassischen städtischen Zentren der Maya zeichneten sich durch einen ständigen Zyklus von Entwicklung, Zusammenbruch und Entvölkerung aus. Nach vielen „Zusammenbrüchen", vor allem während der Vorklassik, verteilten sich die Maya über andere Orte in der Region, und bald entstanden neue städtische Zentren.

Das südliche und zentrale Tiefland wurde jedoch nach dem Zusammenbruch nie wieder dicht besiedelt, so dass sich Historiker fragen, wohin diese Menschen gingen. Die Bevölkerung, die die Städte verließ, zog höchstwahrscheinlich nach Norden durch Yucatán in Richtung Atlantikküste, während andere nach Osten und Westen zogen und sich anderen mesoamerikanischen Gesellschaften anschlossen.

Die Methoden der Wasserspeicherung waren ebenso wie viele andere verwaltungstechnische Neuerungen in der klassischen Zeit äußerst komplex geworden. Die Wiederbesiedlung der Region hätte eine vollständige Rekonstruktion dieser Wasserspeichersysteme erfordert, ein gewaltiges, arbeitsintensives Projekt, das vielleicht nicht lohnend erschien. Möglicherweise gab es auch ein religiöses oder spirituelles Element, da viele nicht zurückkehren wollten, weil sie glaubten, die Götter hätten die Städte verdammt.

Als die großen Städte wie Tikal im Süden zusammenbrachen, füllten die nördlichen Städte wie Chichén Itzá das Machtvakuum und trugen die Fackel der klassischen Maya weiter. Der Zusammenbruch der klassischen Epoche beendete jedoch zweifelsohne die jahrhundertelange Entwicklung von primitiven Agrardörfern zu den großen Tempeln von Tikal und Calakmul. Der Zusammenbruch der klassischen Maya-Städte im Tiefland bedeutete nicht den Zusammenbruch der Maya-Zivilisation, aber sie sollte nie mehr dieselbe sein.

Die künstlerischen und kulturellen Errungenschaften der klassischen Maya wurden vom Dschungel verschluckt und zurückgelassen, als sich die Bevölkerung in andere Gebiete zerstreute. Während der postklassischen Periode durchliefen die Maya eine Reihe enormer Veränderungen, während sie versuchten, die Lücke zu füllen, die der Zusammenbruch hinterlassen hatte.

Kapitel 9: Chichén Itzá: Die Stadt der Wunder

Die Stadt Chichén Itzá befand sich in der heutigen Gemeinde Tinúm im mexikanischen Bundesstaat Yucatán im Norden der Halbinsel Yucatán. Chichén Itzá gilt als eine der größten präkolumbianischen Maya-Städte und wurde während der Endphase der klassischen Epoche zu einer der wohlhabendsten Städte Yucatáns.

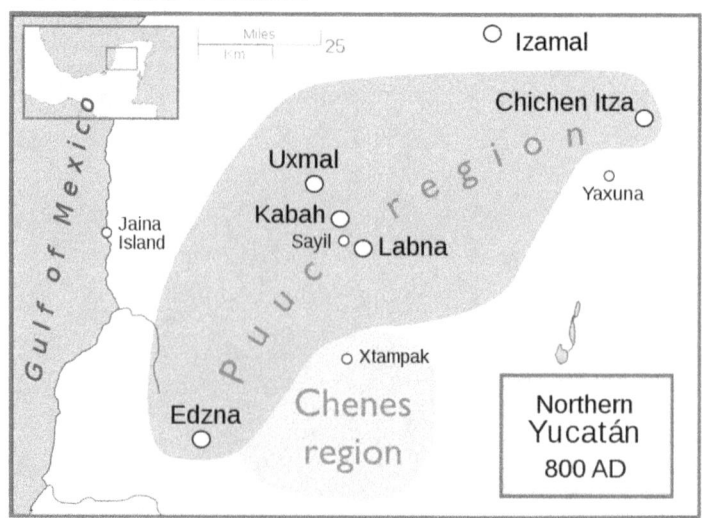

Karte der nördlichen Halbinsel Yucatán.
No machine-readable author provided. Madman2001 assumed (based on copyright claims)., CC BY-SA 3.0 <http://creativecommons.org/licenses/by-sa/3.0/>, via Wikimedia Commons https://commons.wikimedia.org/wiki/File:Maya_site_northern_Yucatan_800_AD.svg

Einige Experten gehen davon aus, dass die Stadt eine besonders heterogene Bevölkerung hatte, was sich in der Vielfalt der künstlerischen und architektonischen Stile widerspiegele. Dies war vor allem auf den Zustrom von Maya-Migranten aus Städten wie Tikal zurückzuführen, die nach dem Ende der klassischen Epoche nach Norden an die Küste zogen.

Vier verschiedene Senkgruben oder „Cenoten" dienten als wichtigste Süßwasserquellen für die Bevölkerung der Stadt. Es gibt auch Hinweise darauf, dass die Cenoten für Menschenopfer an den Regengott Chaac genutzt wurden, wie sie in der berühmtesten der Cenoten, der Cenote Sagrado, gefunden wurden. In diesen Höhlen wurden neben menschlichen Überresten auch viele heilige Gegenstände gefunden, die in Maya-Gräbern üblich waren, wie z. B. Jade. Die meisten der gefundenen menschlichen Überreste stammten von Kindern.

Die Cenote Sagrado („Heilige Cenote"). Es wurde vermutet, dass viele der Menschenopfer getötet wurden, bevor sie in die Cenote geworfen wurden. Da nur einige Cenoten menschliche Überreste enthielten, ist es möglich, dass die Maya glaubten, bestimmte Cenoten führten in die Unterwelt.
Salhedine, CC BY-SA 4.0 <https://creativecommons.org/licenses/by-sa/4.0>, via Wikimedia Commons
https://commons.wikimedia.org/wiki/File:Cenote_Xtoloc_en_Chich%C3%A9n_Itz%C3%A1.jpg

Der Name Chichén Itzá bedeutet übersetzt „an der Mündung des Itzá-Brunnens", was sich wahrscheinlich auf die großen Cenoten und den starken Einfluss der Itzá-Kultur in der Stadt bezieht. Während die Architektur im nördlichen Teil der Stadt vom Itzá-Puuc-Stil geprägt ist, ist der südliche Teil der Stadt stark vom toltekischen Stil beeinflusst. Einige Wissenschaftler haben die Hypothese aufgestellt, dass dies auf eine große Migration oder eine mögliche Invasion der Tolteken zurückzuführen ist. Die meisten sind jedoch der Meinung, dass dies einfach auf die Interaktion mit der großen toltekischen Stadt Tula hinweist.

Vom frühen 10. bis zur Mitte des 11. Jahrhunderts stieg Chichén Itzá zur wohlhabendsten Stadt der Halbinsel Yucatán auf und zählte 35.000 Einwohner. Auf dem Höhepunkt ihrer Macht nutzte die Stadt ihre hervorragende Lage an der Küste der nördlichen Halbinsel Yucatán und wurde zu einer wichtigen Wirtschaftsmacht auf den Handelsrouten des Maya-Tieflandes.

Die Stadt machte die Isla Cerritos zu einem der wichtigsten Häfen Zentralamerikas. Da im südlichen und zentralen Tiefland während der gesamten klassischen Periode ständig Kriege herrschten, wurden viele Handelswege unterbrochen. Seehandelsrouten, die um die Halbinsel herum statt über sie hinweg führten, wurden immer häufiger, was Städten in Küstennähe wie Chichén Itzá einen großen wirtschaftlichen Vorteil verschaffte. Die Nähe zum Meer ermöglichte es den Händlern von Chichén Itzá, den gesamten Golf von Mexiko zu befahren und so Güter zu erwerben, die in der Region Yucatán selten waren, wie etwa Gold und Obsidian aus Zentralmexiko.

Der Grundriss der Stadt

Die bedeutendsten Bauwerke des Stadtzentrums erstreckten sich über eine Fläche von etwa fünf Quadratkilometern, was sie zu einem der größten urbanen Zentren im Norden Yucatáns machte. Die Baumeister der Stadt ebneten den Boden im Zentrum der Stadt ein, um viele der größten Bauwerke der Stadt zu errichten.

Die Stadt hatte viele Dämme oder Straßen, die die verschiedenen Stadtteile mit dem zentralen Platz verbanden. Sie war voll von steinernen Bauwerken, die verschiedene Funktionen erfüllten, von Wohnhäusern bis hin zu Verwaltungsgebäuden, die von der Regierung genutzt wurden. Die Bauten im südlichen Teil der Stadt, dem so genannten „Alten Chichén", weisen viele Merkmale des Puuc-Architekturstils auf, der seinen Ursprung im zentralen Tiefland von Yucatán hat.

„El Castillo", eine 30 Meter hohe Pyramide im Zentrum der Stadt, ist das bedeutendste architektonische Projekt von Chichén Itzá. Die Konstruktion des Gebäudes war nicht nur eine beeindruckende architektonische Leistung, sondern unterstreicht auch das hochentwickelte

Wissen in Chichén Itzá über Astronomie und Zeitmessung.

Ein Bild von El Castillo, auch als die Pyramide von Kukulkan bekannt.
Daniel Schwen, CC BY-SA 4.0 <https://creativecommons.org/licenses/by-sa/4.0>, via Wikimedia Commons https://commons.wikimedia.org/wiki/File:Chichen_Itza_3.jpg

Die Pyramide wurde mit vier Seiten gebaut, die jeweils 91 Stufen hatten und in alle Himmelsrichtungen zeigten. Die vier Seiten und ihre Treppenstufen ergeben zusammen 365 Tage, die Gesamtzahl der Tage im Jahr. Während der Herbst- und Frühlings-Tagundnachtgleiche wird ein großer Schatten in Form einer Schlange auf die Treppe geworfen. An der Spitze der Pyramide befindet sich eine große Inschrift in Form einer Schlange, die einen der Maya-Götter darstellt. El Castillo wurde auf einem anderen, älteren Tempel errichtet, der dem Jaguar, dem Gott der Unterwelt, geweiht war. In der klassischen Epoche war dies eine gängige Praxis in Maya-Städten.

Die Details und Überlegungen, die in den Bau von El Castillo eingeflossen sind, zeigen die große Bandbreite an Wissen und Überzeugungen, die die Maya-Gesellschaft durchdrungen haben, und wie diese mit ihren architektonischen Großtaten zusammenhängen.

Ausgrabungen haben gezeigt, dass unterhalb der Pyramiden ein großer Marktplatz existierte, was darauf hindeutet, dass der Platz von einer großen Menschenmenge genutzt wurde, um die Rituale auf der Spitze der Pyramide zu beobachten und sich mit anderen Bürgern zu treffen und einzukaufen.

Das Caracol, ein großes Gebäude, das den Astronomen der Stadt als Observatorium diente, wurde irgendwann vor dem 9. Jahrhundert erbaut. Viele Wissenschaftler glauben, dass dieses Gebäude zur Beobachtung der

Venus diente und möglicherweise Kukulkan, dem Windgott der Maya, gewidmet war.

Der Tempel der Krieger ist ein Komplex, der irgendwann zwischen dem 9. und 11. Jahrhundert erbaut wurde. Die Wände des Tempels sind mit großen Darstellungen von Maya-Kriegern und Schlachten verziert und weisen viele Inschriften mit gefiederten Schlangen auf. Der Tempel ähnelt einem vergleichbaren Bau in der toltekischen Hauptstadt Tula, was viele Historiker zu der Vermutung veranlasst hat, dass es zwischen den beiden Städten eine beträchtliche kulturelle Durchdringung gab.

Der Tempel der Krieger. Viele der Wandmalereien im Inneren des Komplexes stellen Schlachten und Krieger dar.
Keith Pomakis, CC BY-SA 2.5 <https://creativecommons.org/licenses/by-sa/2.5>, via Wikimedia Commons https://commons.wikimedia.org/wiki/File:Templo_de_los_Guerreros.jpg

In Chichén Itzá befindet sich auch der größte Ballspielplatz Mesoamerikas mit einer Länge von 166 Metern und einer Breite von 68 Metern. An den Wänden des Platzes finden sich viele Inschriften, die zeigen, wie siegreiche Spieler die abgeschlagenen Köpfe ihrer Gegner zur Schau stellen.

Es gibt zahlreiche Theorien darüber, wie das Ballspiel gespielt wurde. Die meisten glauben, dass das Ziel des Spiels darin bestand zu verhindern, dass der Ball den Boden zu berührte, indem man ihn gegen die Wände schlug, höchstwahrscheinlich mit den Hüften der Spieler. Der verwendete Ball war aus Gummi und konnte bis zu neun Pfund wiegen. Während das

Spiel von der Stadtbevölkerung wahrscheinlich oft zur Unterhaltung gespielt wurde, deuten die Inschriften auf dem Ballspielplatz von Chichén Itzá darauf hin, dass das Spiel möglicherweise auch ein rituelles Element hatte.

Der Ballspielplatz in Chichén Itzá.
Bjørn Christian Tørrissen, CC BY-SA 3.0 <https://creativecommons.org/licenses/by-sa/3.0>, via Wikimedia Commons https://commons.wikimedia.org/wiki/File:Chichen-Itza-Ballcourt-Panorama-2010.jpg

Der Jaguar-Tempel mit Blick auf den Ballspielplatz ist ein großer Tempelkomplex mit vielen Inschriften der gefiederten Schlangengottheiten der Maya und einer großen Darstellung einer Schlacht. Im unteren Tempel des Komplexes befindet sich ein Thron, der mit der Inschrift einer Jaguarfigur verziert ist, ähnlich wie der Thron in El Castillo.

Neben dem großen Ballspielplatz befand sich der Tempel des Bärtigen, ein kleiner Tempel mit der Inschrift eines großen, bärtigen Mannes. Direkt gegenüber dem Tempel des bärtigen Mannes steht ein größeres Gebäude, das jedoch bis zur Unkenntlichkeit zerstört wurde.

Mayablau und Opfer

Während der Blütezeit der Stadt waren diese Gebäude mit einer Reihe von festlichen Farben bemalt. Die Metropole Chichén Itzá hätte ganz anders ausgesehen als die tristen Steinruinen am heutigen Standort.

Eine der beliebtesten Farben, die in Maya-Städten wie Chichén Itzá verwendet wurde, war das Maya-Blau. Das Pigment wurde überall in den Städten für Skulpturen, Töpferwaren und Wandmalereien verwendet. Die türkisfarbene Farbe stammt aus der Kombination von Indigo-Pflanzenmaterial und Palygorskit-Erz. Diese Bestandteile wurden in kleinen Brennöfen bei hohen Temperaturen von bis zu 200 Grad Celsius miteinander verbunden. Das Pigment ist äußerst widerstandsfähig und langlebig, da viele Wandmalereien und Gegenstände trotz jahrhundertelanger Erosion noch sichtbare Spuren der Farbe aufweisen.

Ein Beispiel für ein Maya-Kunstwerk, das Maya Blau verwendet.
https://commons.wikimedia.org/wiki/File:Azulm6.jpg

Maya-Künstler begannen in der zweiten Hälfte der vorklassischen Ära, die Farbe für Wandmalereien zu verwenden, und schon bald verbreitete sich die Verwendung des Pigments auf Denkmälern, Stelen und Töpferwaren in den Städten. Es war die Hauptfarbe von Chaac, der Regengottheit, die zufällig auch die zentrale Figur bei den Menschenopfern der Maya war.

Wenn die Stadtpriester eine Dürre vorhersahen, wählten sie oft ein Opfer für einen nicht-tödlichen Aderlass oder, in schlimmeren Fällen von Dürre, für ein Menschenopfer. Um Chaac zu besänftigen, wurde ein Opfer vollständig mit dem Pigment bemalt und auf dem zentralen Platz der Stadt geopfert.

Das Ausmaß der Menschenopfer bei den Maya ist den Forschern nicht bekannt, da Inschriften und Darstellungen der von den Maya hinterlassenen Opfer das Thema in Bezug auf Methoden und Häufigkeit geheim halten. Am häufigsten wurden sicherlich Kriegsgefangene geopfert. Die Opfer wurden entweder geköpft oder ausgeweidet, wahrscheinlich in einer rituellen Zeremonie, die von den Stadtpriestern durchgeführt wurde. Extremere Fälle, wie das Hineinwerfen in die Cenoten von Chichén Itzá, kamen wahrscheinlich nur sehr selten vor.

Die Gefangennahme von Königen und anderen königlichen Persönlichkeiten einer rivalisierenden Stadt führte oft zu öffentlichen Hinrichtungen und Opfern. Mit diesen Tötungen wurde der politische Sieg über einen rivalisierenden Anführer gefeiert und den Göttern spirituell königliches Blut geopfert.

Die meisten Opfer waren wahrscheinlich nicht tödlich, da zeremonielle Gegenstände und Artefakte den Göttern symbolisch als materielle Opfergaben dargebracht wurden. Häufig wurde auch der „Aderlass" praktiziert, bei dem sich die Bürger der Stadt kleine, nicht tödliche Schnitte am Körper zufügten, um ein Blutopfer darzubringen.

Frühgeschichte

Die Stadt wurde erstmals zwischen dem 6. und 8. Jahrhundert besiedelt und erbaut und im 10. und 11. Jahrhundert weiter ausgebaut, als sie sich zu einem wohlhabenden Handelszentrum für Yucatán entwickelte.

Trotz seiner Lage in der Nähe der Golfküste gilt der Norden Yucatáns als eine der trockensten und unfruchtbarsten Regionen im Kernland der Maya. Chichén Itzá wurde wahrscheinlich aufgrund der zahlreichen Wasservorräte in den natürlichen Höhlensystemen und Dolinen (Cenoten) zu einem idealen Standort für Siedler.

Aufstieg zur Macht

Die Stadt war bereits zu Beginn des 7. Jahrhunderts zu einer bedeutenden regionalen Handelsstadt im nördlichen Tiefland aufgestiegen. Mit dem Niedergang vieler großer Städte im Süden (wie Tikal) wurde Chichén Itzá im späten 9. Jahrhundert zur dominierenden politischen, kulturellen und wirtschaftlichen Macht im Maya-Tiefland.

Vor dem Aufstieg von Chichén Itzá zur regionalen Vormacht begannen die beiden benachbarten Städte Yaxuna und Coba, die eng verbündet waren, zu verkümmern. Einige Experten sind der Meinung, dass Chichén Itzá eine direkte Rolle beim Niedergang dieser Städte gespielt haben könnte, entweder durch direkte Intervention oder einfach durch die wirtschaftliche Konkurrenz zu ihnen.

Nach einer Periode des regionalen Wohlstands begann die Stadt um das Jahr 900 zu verfallen. In dieser Zeit kam ein Zustrom von Einwanderern der Itzá-Kultur aus dem Süden in die Stadt und begann, die nördliche Hälfte der Stadt neu zu beleben. Im Laufe des 10. Jahrhunderts erlebte die benachbarte Stadt Uxmal, ein enger Verbündeter von Chichén Itzá, einen rapiden Niedergang und ebnete Chichén Itzá den Weg zu einem erneuten Aufstieg.

Niedergang

Es gibt Belege dafür, dass die Stadt zu Beginn des 12. Jahrhunderts an Bedeutung in der Region verloren hatte, was den Aufstieg der benachbarten Stadt Mayapán markierte. In dieser Zeit verbündete sich Chichén Itzá sowohl mit Mayapán als auch mit Uxmal und bildete die sogenannte Liga von Mayapán, die in Teil 4 behandelt wird.

Als die spanischen Eroberer in Chichén Itzá ankamen, stellten sie fest, dass noch eine große Bevölkerung in der Stadt lebte. Einige Experten glauben jedoch, dass diese Bevölkerung in den Ruinen in den Außenbezirken der Stadt lebte. Die Spanier stellten auch fest, dass die Cenote Sagrado weiterhin als heiliger Ort für die Maya diente.

Chichén Itzá ist heute eine der meistbesuchten Stätten Mesoamerikas, vor allem wegen der vielen großartigen Bauwerke und Monumente wie El Castillo. Obwohl sie ihre regionale Vorherrschaft im nördlichen Yucatán nach dem Zusammenbruch der klassischen Maya nur für kurze Zeit aufrechterhalten konnte, erwies sich die Stadt als würdig, die Fackel der klassischen Städte nach Süden zu tragen.

Die atemberaubenden Errungenschaften der Stadtbevölkerung, ihre Mischung aus Itzá- und toltekischen Einflüssen und ihr wirtschaftlicher Wohlstand in der Nähe der überseeischen Handelswege zeigten, dass die Maya-Zivilisation trotz des Zusammenbruchs der großen klassischen Städte lebendiger denn je war. Der Niedergang von Chichén Itzá markierte den Beginn einer neuen Ära im Norden Yucatáns, als die Stadt Mayapán zur mächtigsten Stadt der Region wurde.

TEIL DREI:
DIE POSTKLASSISCHE MAYA-ÄRA (900 - 1511 n. Chr.)

Kapitel 10: Das Quiché Königreich Q'umarkaj

Q'umarkaj

Das Königreich Q'umarkaj (in der Maya-Sprache auch Utatlán genannt) befand sich im Hochland von Guatemala. Die Stadt wurde zu Beginn des 15. Jahrhunderts von König Q'uq'umatz gegründet, was in der Sprache der Quiché „Gefiederte Schlange" bedeutet.

Q'umarkaj befand sich auf einem großen Plateau im Hochland von Guatemala, 2,5 Kilometer westlich der modernen Stadt Santa Cruz del Quiché. Die archäologische Stätte umfasst eine Fläche von 120.000 Quadratmetern und ist damit eine der größten Stätten des Maya-Hochlands. Zu ihrer Blütezeit hatte die Stadt Q'umarkaj und ihre unmittelbare Umgebung eine Bevölkerung von 15.000 Menschen.

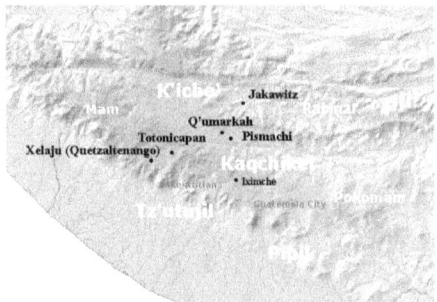

Diese Karte zeigt die wichtigen Zentren der Quiché-Kultur, die im Süden Guatemalas beheimatet ist.
https://commons.wikimedia.org/wiki/File:Postclassicguatemalahighlands.png

In der Stadt gab es eine tief verwurzelte sozioökonomische Ordnung, da die Quiché drei verschiedene Linien umfassten: Die Nima waren die herrschende Oberschicht, die Tamub waren Händler, und die Ilok'ab waren die wichtigsten Krieger der Quiché.

Die Gründung der Stadt

Die genaue Herkunft der Quiché sprechenden Völker ist unter Gelehrten noch umstritten. Die meisten sind sich jedoch einig, dass sie höchstwahrscheinlich aus der Region Tabasco an der Golfküste Mexikos stammten. Diese Völker zogen entlang der Golfküste und durch das südliche Tiefland, um die Stadt zu erreichen, obwohl einige Gelehrte glauben, dass sie entlang der Pazifikküste ins guatemaltekische Hochland gezogen sein könnten. Die meisten dieser Menschen reisten wahrscheinlich um den Niedergang von Chichén Itzá im nördlichen Yucatán herum, irgendwann im 12. Jahrhundert.

Der Grundriss der Stadt

Die Stadt bestand aus elf Plätzen, die von einer Reihe von Tempeln und Gebäudekomplexen umgeben waren, die sich alle auf einer Reihe von Terrassen erhoben. Diese Bauten sind in der Regel alle etwa gleich groß, wobei die Bauten rund um den zentralen Platz die größten der Stadt sind.

Eine Reihe von Gräben trennte den Verwaltungsbereich der Stadt von der Mehrheit der Wohngebiete, was die tiefe sozioökonomische Spaltung der Stadt widerspiegelt. Viele dieser Häuser scheinen kulturelle Merkmale aufzuweisen, die sich stark von denen der städtischen Oberschicht unterscheiden. Dies hat viele Wissenschaftler zu der Hypothese veranlasst, dass die Bürger der Stadt möglicherweise von einer Bevölkerung erobert wurden, die sich nach der Eroberung zur herrschenden Oberschicht machte und ihren Bürgern erlaubte, ihre kulturelle Identität zu bewahren.

Die Frühgeschichte

Die Quiché waren ein Maya-Volk, das sich um 600 v. Chr. im Hochland niedergelassen hatte. Es gibt archäologische Beweise dafür, dass die Region bis zu einem gewissen Grad bereits in der vorklassischen Zeit besiedelt war, aber die meisten Artefakte der Stadt werden auf die Postklassik datiert. In der späten Postklassik lebten in der Gegend der Stadt wahrscheinlich etwa 15.000 Menschen.

Die Hauptstädte des Quiché-Königreichs befanden sich ursprünglich in Jakawitz und später in Pismachi, aber zu Beginn des 15. Jahrhunderts wählte König Q'uq'umatz das Gebiet wegen seiner hervorragenden natürlichen Verteidigungsposition auf dem Hochplateau. König Q'uq'umatz sollte auch nach seinem Tod ein spirituelles Vermächtnis unter den Quiché bewahren, denn er wurde als mythische Figur beschrieben, die sich in verschiedene Tiere verwandeln konnte.

Die politische Ordnung

Die sozioökonomischen Gegensätze innerhalb der Quiché-Gesellschaft waren tiefgreifend, da die Adeligen oder „ajaw" behaupteten, Nachkommen ausländischer Invasoren von der Golfküste zu sein, die die Region zu Beginn des 13. Jahrhunderts erobert hatten. Die Invasoren übernahmen die politische Macht in der Region und gaben viele ihrer kulturellen Traditionen von der Golfküste auf, um sich vollständig in die Quiché-Kultur ihrer eroberten Untertanen zu integrieren.

Die Vasallen der Quiché, oder „al k'ajol", bildeten die unteren Schichten der Hochlandgesellschaft. Sie dienten als Arbeiter, Bauern und Soldaten und hatten in der Regel keine Möglichkeiten, im politischen System aufzusteigen. Die Vasallen konnten jedoch hohe militärische Titel erlangen, wenn sie auf dem Schlachtfeld Tapferkeit und Geschicklichkeit bewiesen. Die Kaufleute standen auf der sozioökonomischen Leiter etwas höher als die Vasallen, mussten aber Tribute an den Adel zahlen.

Das Königreich wurde von einer Regierung regiert, die aus vier mächtigen Persönlichkeiten bestand: dem König, dem gewählten König und zwei Hauptleuten. Jeder dieser Herrscher gehörte zu den berühmtesten Geschlechtern der Stadt.

Expansion

Im Laufe des 15. Jahrhunderts begannen die Quiché, ihr Territorium allmählich auf die gesamte Region auszudehnen und schlossen ein mächtiges Bündnis mit den Cakchiquel, einem mächtigen Maya-Volk im Hochland des mittleren Westens.

In dieser Zeit bot Q'uq'umatz dem Herrscher der K'oja, einer nahe gelegenen Maya-Kultur in den Kuchumatan-Bergen, seine Tochter zur Heirat an. Doch stattdessen töteten die K'oja die Tochter von Q'uq'umatz, als sie in ihr Territorium kam. Dies löste einen blutigen Krieg zwischen den beiden Städten aus.

König Q'uq'umatz starb schließlich im Kampf gegen die K'oja und wurde von seinem Sohn K'iq'ab abgelöst, der schwor, die K'oja zu besiegen. Er zog mit einer großen Streitmacht in die Stadt K'oja ein, tötete den König und plünderte die Stadt. Er holte auch die sterblichen

Überreste seines Vaters zurück und brachte eine große Anzahl von Gefangenen sowie viele wertvolle Jade-Artefakte mit. Nach ihrem Sieg brachte das Militär der Quiché viele Gebiete in der Nähe von K'oja unter seine Kontrolle.

K'iq'ab brachte dem Königreich weiterhin großen Wohlstand und unternahm große militärische Eroberungen, die das Quiché-Territorium bis zum Fluss Okos im Westen und zum Motagua im Osten erweiterten.

Der Niedergang

Als sich das Gebiet von K'iq'ab ausdehnte, brach in Q'umarkaj ein Bürgerkrieg aus, da die Vasallen versuchten, die Führungsschicht zu stürzen. Zwei von K'iq'abs Söhnen schlossen sich den Vasallen an und töteten viele hochrangige Adelige der Stadt. Hochrangige Mitglieder der verbündeten Cakchiquel-Krieger waren gezwungen, zurück in ihr Gebiet zu fliehen.

K'iq'ab wurde während des Aufstands beinahe getötet, floh aber mit einigen ihm treu gebliebenen Truppen in die Peripherie der Stadt. Der König stimmte zu, den Rebellen einige Zugeständnisse zu machen, wodurch eine neue Klasse von Adeligen entstand. K'iq'ab starb bald darauf im Jahr 1475. Trotz der großen territorialen Ausdehnung, die seine Herrschaft kennzeichnete, war die Stadt viel schwächer als bei seiner Thronbesteigung, was vor allem auf die internen Unruhen in der politischen Struktur der Stadt und die Auflösung der Allianz mit Cakchiquel zurückzuführen war.

Nach dem Tod von K'iq'ab wurde die Stadt in blutige Kriege mit ihren Nachbarn verwickelt, darunter das Volk der Tzutuhil und ihre ehemaligen Verbündeten, die Cakchiquel. Die Quiché versuchten, die Hauptstadt der Cakchiquel zu erobern, wurden aber besiegt. Dies führte zu einem starken Rückgang der militärischen und politischen Macht der Quiché in der Region.

Als die spanischen Konquistadoren 1524 im guatemaltekischen Hochland eintrafen, war die Stadt Q'umarkaj nur noch ein Schatten dessen, was sie im 15. Jahrhundert gewesen war. Q'umarkaj war aufgrund seines dysfunktionalen politischen Systems und seines Strebens nach territorialer Ausdehnung weit von seinem einstigen Ruhm entfernt.

Kapitel 11: Die Liga von Mayapán

Die Liga von Mayapán wurde 987 n. Chr. vom Maya-Herrscher Ah Mekat Tutul Xiu gegründet. Die Liga war ein politisches Bündnis zwischen den Städten Chichén Itzá, Mayapán und Uxmal im Norden Yucatáns. Das Zentrum des Bündnisses bildete die Stadt Chichén Itzá, die in der frühen Postklassik die mächtigste Stadt der Region war. Die Liga bestand auch aus vielen kleineren Städten und Dörfern in der gesamten Region, aber es ist unklar, wie viel Macht diese kleineren Gemeinden hatten, wenn es um Fragen der Führung der Liga ging.

Die Liga wurde höchstwahrscheinlich aufgrund des Zerfalls der großen klassischen Städte im Süden gegründet, da die Maya des nördlichen Yucatán befürchteten, dass die zunehmenden Kriege auf den Norden übergreifen könnten oder dass ein Zustrom verzweifelter Migranten die Region übernehmen würde. Die Gründung des Bundes war zweifellos auch auf die schweren Dürren und die Unterbrechung der Handelswege zurückzuführen, die diese Zeit kennzeichneten. Die nördlichen yucatekischen Maya versuchten möglicherweise, die wichtigste Erkenntnis aus dem Zusammenbruch der Zivilisation der klassischen Epoche weiterzugeben und umzusetzen: dass nämlich ein Mangel an Frieden, Stabilität und Zusammenarbeit den Niedergang der größten Städte des Tieflandes verursacht hatte. Das Bündnis wurde gegründet, um den Anschein einer zentralisierten Regierung in der Region aufrechtzuerhalten und Frieden und Handel unter den nördlichen yucatekischen Maya zu fördern.

In der postklassischen Epoche begann die Liga jedoch aufgrund interner Kämpfe zwischen den drei Städten schnell zu zerbröckeln. Mayapán löste Chichén Itzá allmählich als mächtigste Stadt im nördlichen Yucatán ab.

Mayapán

Mayapán lag 100 Kilometer westlich von Chichén Itzá und war vom frühen 13. bis zur Mitte des 15. Jahrhunderts die mächtigste Stadt im Norden Yucatáns. In der gesamten archäologischen Stätte wurden über 4.000 Bauwerke gefunden, und Experten gehen davon aus, dass während ihrer Blütezeit bis zu 17.000 Menschen in der Stadt gelebt haben könnten.

Mayapán, was übersetzt „Banner der Maya" bedeutet, diente als letzte große Hauptstadt der Maya im nördlichen Yucatán und gilt als eine der am dichtesten besiedelten Städte, die es je gab. Die Stadt wurde im 11. Jahrhundert von den Cocom gegründet, einer führenden Familie aus Chichén Itzá, die aufgrund politischer Rivalitäten geflohen war.

Der Tempel von Kukulkan. Er ähnelt dem von Chichén Itzá, obwohl Archäologen letzteren in Bezug auf die Handwerkskunst für weit überlegen halten.

Pavel Vorobiev, CC BY-SA 3.0 <https://creativecommons.org/licenses/by-sa/3.0>, via Wikimedia Commons https://commons.wikimedia.org/wiki/File:Mayapan_%272010_-_31.JPG

Die Stadt wurde Mitte des 15. Jahrhunderts abrupt verlassen, und es gibt Hinweise darauf, dass ein Teil der Stadt niedergebrannt worden sein könnte. Archäologische Funde deuten darauf hin, dass es im Norden Yucatáns im 14. und 15. Jahrhundert vermehrt zu kriegerischen

Auseinandersetzungen kam, und zum Zeitpunkt des Niedergangs von Mayapán waren um die Stadt herum große Verteidigungsanlagen errichtet worden.

Uxmal

Uxmal war eine mächtige Stadt im Norden Yucatáns, die von etwa 850 bis 900 n. Chr. in der letzten Phase der klassischen Epoche bestand. Um das Jahr 1000 begann die Bevölkerung die Stadt zu verlassen und möglicherweise in die nahe gelegenen Städte Chichén Itzá und Mayapán zu ziehen. Um 1200 war die Stadt fast verlassen.

Gegründet wurde sie von den Tutal Xiues, einem Maya-Volk, das irgendwann während der Spätklassik von der Golfküste nach Osten in den Norden Yucatáns wanderte. Wahrscheinlich schloss sich die Stadt während ihres Niedergangs der Liga von Mayapán an und war damit die schwächste Stadt im Bündnis.

Toltekischer Einfluss und mögliche Invasion

Die architektonische Gestaltung von Chichén Itzá ist seit langem ein heiß diskutiertes Thema unter Maya-Forschern. Einige sind der Meinung, dass das Vorhandensein toltekischer Einflüsse in der Stadt auf eine toltekische Invasion der urbanen Zentren im Norden Yucatáns hinweisen könnte. Sowohl die Städte Mayapán als auch Uxmal wiesen ebenfalls viele toltekische architektonische und kulturelle Merkmale auf, was darauf hindeutet, dass die Liga von Mayapán teilweise aufgrund eines gemeinsamen toltekischen Kulturerbes gegründet wurde.

Viele Wissenschaftler, die an den Forschungsprogrammen der Carnegie Institution of Washington in der Mitte des 20. Jahrhunderts beteiligt waren, kamen zu dem Schluss, dass Chichén Itzá vor der möglichen postklassischen Invasion von einer anderen Maya-Kulturgruppe besiedelt wurde, was bedeutet, dass die Itzá, die die Stadt während der Postklassik übernehmen sollten, die Tolteken aus Tula waren.

Die neuere Forschung hat diese Theorie jedoch weitgehend widerlegt. Die meisten Wissenschaftler sind heute der Ansicht, dass die Itzá von Chichén Itzá einfach nur gute Handels- und diplomatische Beziehungen zu den Tolteken von Tula unterhielten, die ihren kulturellen und architektonischen Stil prägten.

Die Auflösung der Liga

Um 1175 begann die Liga sich aufzulösen. Obwohl die Archäologie die folgende Erzählung über die Auflösung des Bundes noch nicht bewiesen hat, wird sie in mehreren Maya-Quellen zitiert und von vielen mesoamerikanischen Gelehrten akzeptiert.

Ceel Cauich Ah wurde in die heilige Cenote von Chichén Itzá geworfen und schaffte es irgendwie zu überleben. Da die Cenote für die Maya heilig war, erklärte sich Ceel Cauich Ah zum göttlichen Herrscher der Region. Der größte Teil der Bevölkerung von Chichén Itzá akzeptierte ihn nicht als Herrscher, der größte Teil der Bevölkerung von Mayapán hingegen schon.

Nach der Auflösung der Liga wurde Chichén Itzá durch Mayapán als größte Stadt der nördlichen Halbinsel ersetzt. Die Stadt Uxmal erklärte den Cocom von Mayapán im Jahr 1441 den Krieg, was offiziell das Ende der Liga bedeutete.

Kapitel 12: Petén Itzá: Das letzte Königreich der Maya

Das letzte große Maya-Königreich war das Reich von Petén Itzá, das sich um die Stadt Noh Petén entwickelte. Einundzwanzig heilige Tempel wurden in der gesamten archäologischen Stätte der Stadt gefunden. Die Stadt galt als eines der wichtigsten Zentren der Itzá während der postklassischen Periode.

Die Stadt lag isoliert auf einer Insel im Petén-Itzá-See und es scheint, dass weder Brücken noch andere Bauwerke die Stadt mit dem Rest des Tieflandes verbanden. Die Stadt blieb politisch und diplomatisch relativ isoliert, denn sie unterhielt nur Beziehungen zu den Itzá-Städten Chakok'at, Ch'ich und Chakan. Zur Zeit der spanischen Eroberungen lebten schätzungsweise 60.000 Menschen in der Stadt.

Die Lage von Petén Itzá
Mabarlabin, CC BY-SA 3.0 <https://creativecommons.org/licenses/by-sa/3.0>, via Wikimedia Commons https://commons.wikimedia.org/wiki/File:Itza_Kingdom.jpg

Der Petén-Itzá-See ist das größte Gewässer im Kernland der Maya und war jahrhundertelang die Heimat der Itzá-Maya. Das Gebiet der Petén-Seen besteht aus einer Gruppe von acht großen Seen, die miteinander verbunden sind und sich 80 Kilometer von Osten nach Westen erstrecken. Die Süßwasserquellen des Flusses sind eine kleine Anzahl von saisonalen Bächen, die durch das Gebiet fließen. Der bei weitem größte See der Region ist der Petén Itzá-See, der sich über eine Fläche von rund 100 Kilometern erstreckt.

Das Volk der Itzá

Die Itzá waren kein einheitliches Kulturvolk, sondern setzten sich aus vielen verschiedenen mächtigen Familienclans zusammen, die das Gebiet beherrschten. Auch in den Städten Chichén Itzá und Mayapán im Norden Yucatáns hatten die Itzá während der Postklassik großen Einfluss. Ein großer Teil der Itzá-Bevölkerung aus diesen nördlichen Regionen wanderte höchstwahrscheinlich während des Niedergangs von Chichén Itzá und Mayapán bis zur Ankunft der Spanier nach Süden zum See.

Sowohl die nördlichen als auch die südlichen Itzá waren als einige der größten Händler Mesoamerikas bekannt, die die Fernhandelswege von Zentralmexiko in die südlichen Regionen Mittelamerikas kontrollierten.

Die Itzá stammten höchstwahrscheinlich aus dem Petén-Becken im südlichen Tiefland, wobei ein großer Teil ihrer Bevölkerung während des Zusammenbruchs des Tieflandes in das nördliche Yucatán hinaufwanderte und dann eine große Welle von Itzá-Migranten nach dem Zusammenbruch der Liga von Mayapán zurück nach Petén zog.

Die Wissenschaft ist sich noch nicht einig über die Ursprünge eines einheitlichen Königreichs der Itzá und darüber, wann sie begannen, politischen Einfluss im Gebiet der Petén-Seen zu gewinnen. Mehrere Inschriften, die in Maya-Städten im heutigen Belize sowie in Städten des Nordens wie Chichén Itzá gefunden wurden, scheinen auf Interaktionen mit einem Itzá-Führer während der spätklassischen Periode hinzuweisen.

Die Regierungsform der Petén Itzá

Zur Zeit der Ankunft der Spanier im 16. Jahrhundert war die Petén-Region zu einer gut organisierten, hierarchisch gegliederten politischen Region geworden, die von einer Reihe führender Itzá-Familien regiert wurde und den Regierungsstrukturen der nördlichen Itzá-Städte wie Chichén Itzá stark ähnelte.

Viele Historiker sind der Ansicht, dass der weitreichende Einfluss der Itzá sowohl im nördlichen als auch im südlichen Tiefland auf eine große militärische Macht hinweist, die ihre eroberten Völker in die Itzá-Gesellschaft integrierte. Nach der Eroberung einer Bevölkerungsgruppe ermutigten sie diese höchstwahrscheinlich, in Familien der Oberschicht einzuheiraten, wodurch einige der eroberten Völker zu hochrangigen Königen der Itzá-Gesellschaft aufsteigen konnten. Dies verschaffte den Itzá-Eroberern nicht nur große, bereits gut etablierte Städte und Bevölkerungen, auf die sie aufbauen konnten, sondern verringerte auch die Wahrscheinlichkeit von Rebellion oder politischen Unruhen innerhalb ihrer Regierungsstrukturen. Indem sie die eroberten Völker zu einem einflussreichen Teil der Itzá-Regierung machten, konnten die Itzá ihren Einfluss auf das gesamte Maya-Kernland ausdehnen, ohne die Bevölkerung der anderen Maya zu entfremden oder zu dezimieren.

Im 16. und 17. Jahrhundert wurde der Herrscher des Volkes der Petén Itzá in spanischen Aufzeichnungen stets mit dem Titel „Ajaw Kan Ek" bezeichnet. Er lebte in der Inselhauptstadt Noh Petén und hatte das höchste Regierungsamt der gesamten Petén-Region inne.

Die Regierungen der Itzá-Provinzen setzten sich im Allgemeinen aus acht Personen zusammen. Diese acht Beamten wurden entsprechend den Himmelsrichtungen in Junior- und Senior-Paare eingeteilt. So bestand beispielsweise der Regierungsrat einer der westlichen Provinzen aus einem leitenden Beamten, der die Angelegenheiten der Provinz leitete, während ein untergeordneter Beamter für die größte Stadt in dieser Provinz zuständig war.

Die größere Itzá-Konföderation, die als einheitliches Königreich der Petén-Region fungierte, bestand aus einem Regierungsrat, der sich aus den vier leitenden Beamten der Provinzen zusammensetzte, sowie aus dreizehn „ach kats", die die kleinen Siedlungen in der Peripherie der Konföderation regierten.

Das gesamte Territorium, das die Itzá in der Blütezeit ihrer Macht kontrollierten, ist noch nicht vollständig bekannt, aber es steht fest, dass sie zu den größten Landwirten der Region gehörten und ihre Felder im gesamten zentralen und südlichen Tiefland bewirtschafteten.

Kontakt mit den Spaniern

Nach der Eroberung des Aztekenreiches in Zentralmexiko reiste der spanische Eroberer Hernan Cortes durch die Region Petén Itzá. Im März 1525 kam das Expeditionskorps am Ufer des Petén Itzá-Sees an, wo der Herrscher Aj Kan Ek ihn empfing. Nachdem er einer katholischen Messe beigewohnt hatte, konvertierte Aj Kan Ek' sofort zum Christentum und lud die Männer in die Stadt Noh Petén ein.

Nach dieser Begegnung versuchten fast ein Jahrhundert lang keine weiteren spanischen Streitkräfte, in das Petén-Becken vorzudringen, was vor allem am undurchdringlichen Dschungel lag. Im Jahr 1618 brachen zwei spanische Missionare von der Siedlung Merida aus auf, um die Itzá des Petén zu bekehren. Der Herrscher von Petén Itzá hieß die Missionare willkommen, weigerte sich jedoch, die einheimische Maya-Religion aufzugeben. Nachdem einer der Missionare versucht hatte, die Statue einer Gottheit zu zerstören, wurde die einheimische Bevölkerung zunehmend wütend auf die Besucher. Erst nachdem einer der Missionare eine friedliche Predigt gehalten hatte, beruhigten sich die Eingeborenen. Die Spanier zogen bald darauf wieder ab und bauten ein freundschaftliches Verhältnis zum Herrscher des Petén Itzá auf.

Im darauffolgenden Jahr kehrten die Missionare an den Petén-See zurück und wurden vom Herrscher erneut wohlwollend aufgenommen. Die Priester der Stadt sahen in den Spaniern jedoch zunehmend eine Bedrohung für ihre Religion und überredeten den Herrscher, sie aus dem Königreich zu verbannen. Plötzlich umstellten Maya-Soldaten die Wohnquartiere der Missionare, und zwangen die Spanier, mit einem Kanu flussabwärts zu fahren.

Nach den gescheiterten Missionierungsversuchen brach der spanische Hauptmann Francisco de Mirones 1622 auf, um Petén Itzá zu erobern. Ein Missionar namens Diego Delgado reiste ebenfalls mit, wurde aber durch die Behandlung der Eingeborenen durch die Konquistadoren zunehmend desillusioniert. Delgado trennte sich von Mirones mit einer eigenen Expeditionstruppe, die größtenteils aus missionierten Maya aus dem östlichen Tiefland bestand. Als sie die Stadt Noh Petén erreichten, die seit 1618 keine christlichen Missionare mehr gesehen hatte, wurden sie sofort gefangen genommen und den Göttern geopfert. Bei der Ankunft von Mirones wurden er und seine Männer unbewaffnet in einer nahe gelegenen Kirche von Petén Itzá-Kriegern gefunden und abgeschlachtet. Diese beiden gescheiterten Missionen in Petén Itzá beendeten bis 1695 alle spanischen Versuche, die Region zu erobern oder zu missionieren.

Im Jahr 1695 begann Martín de Ursúa y Arizmendi, der Gouverneur der Provinz Yucatán, mit dem Bau einer Straße vom westlichen Yucatán zum Petén-See. Der Missionar Andrés de Avendaño reiste auf dieser Straße und traf am Ufer des Petén-Sees auf eine Gruppe von Itzá, die ihn willkommen hießen. Der Herrscher der Itzá des Petén traf am nächsten Tag ein und lud die Missionsgruppe nach Noh Petén ein. Während seines Aufenthalts in der Stadt taufte Avendaño viele Kinder der Stadt und unternahm mehrere Versuche, den Herrscher der Petén Itzá zu bekehren. Der Herrscher sagte, dass die Zeit für eine Bekehrung nicht reif sei und dass Avendaño in einigen Monaten zurückkehren solle, um die Bevölkerung erfolgreich zu missionieren. Der Herrscher entdeckte ein Komplott, das von einer Fraktion innerhalb der Stadt ausgeheckt worden war, um Avendaño zu töten, und riet ihnen, die Stadt zu verlassen.

Im Dezember desselben Jahres sandte der Itzá-Herrscher Boten nach Merida, um sich der spanischen Krone zu ergeben. Der Konquistador Pedro de Zubiaur reiste mit einer kleinen Streitmacht nach Petén, geriet jedoch in einen Hinterhalt einer großen Maya-Truppe. Viele der Spanier wurden getötet oder gefangen genommen, und als am nächsten Tag eine Hilfstruppe eintraf, wurde auch sie von den Maya-Kriegern besiegt. Nach dieser gescheiterten Eroberung begann Martín de Ursúa, einen Großangriff auf die Region Petén Itzá zu planen.

Ursúa führte seine Armee 1697 an den Petén-See, und der Herrscher des Petén schickte sofort eine Gruppe von Gesandten, die sich den Spaniern ergaben. Ursúa nahm die Kapitulation an und lud den Herrscher ein, am nächsten Tag sein Lager am Seeufer zu besuchen. Doch statt der geplanten Ankunft des Herrschers begann am nächsten Tag eine massive Streitmacht von Maya-Kriegern, das spanische Lager zu umzingeln. Da Ursúa nun wusste, dass die Region nur mit militärischer Gewalt zu erobern war, führte er seine Männer zu einem Angriff auf Noh Petén. In der darauf folgenden Schlacht um die Insel starben viele Verteidiger der Stadt, während die Spanier nur wenige Opfer zu beklagen hatten. Ursúa benannte die Stadt in „Nuestra Señora de los Remedios y San Pablo, Laguna del Itza" um.

TEIL VIER:
DER KONTAKT MIT DEN SPANIERN UND DIE EROBERUNG (1511 - 1697 n. Chr.)

Kapitel 13: Die ersten Zusammentreffen und die Erforschung Yucatáns

In der späten postklassischen Periode erreichten die Spanier die Halbinsel Yucatán. Sie begannen mit einer Strategie, die einheimischen Maya in kleine koloniale Siedlungen zu treiben, die wahrscheinlich modernen Konzentrations- oder Internierungslagern ähnelten. Viele der Maya flohen entweder in abgelegene Gebiete des Regenwaldes oder schlossen sich anderen Städten an, die die Spanier noch nicht erobert hatten.

Die vielfältige, zersplitterte politische Ordnung der Maya in Yucatán stellte für die spanischen Eroberer eine Herausforderung dar, da es keine zentrale Stadt, keinen Staat und keine Autorität gab, die gestürzt werden konnte, wie dies bei den Azteken in Zentralmexiko der Fall war. Stattdessen waren die Spanier gezwungen, die Region Stadt für Stadt, Dorf für Dorf zu erobern. Die Spanier gingen dieses Problem an, indem sie die politischen Rivalitäten zwischen den Maya-Bevölkerungen ausnutzten und Bündnisse schlossen, die die Städte gegeneinander ausspielten.

Die Maya, die sich zum Widerstand entschlossen, kämpften einen Guerillakrieg gegen die spanischen Invasoren und ihre Verbündeten, wobei sie größtenteils aus dem Hinterhalt kämpften. Während die Spanier über weit überlegene Waffen verfügten, darunter kleine Artillerie, Stahlschwerter und Kavallerie, erwiesen sich die Maya-Krieger als erbitterte Kämpfer, die das Terrain der Region zu ihrem Vorteil nutzten. Die spanische Kavallerie wurde während der Eroberungen zum wichtigsten Faktor in den Schlachten. Spanische Kavallerieangriffe waren gegen andere europäische Armeen äußerst effektiv, aber gegen die Maya (die noch nie zuvor Pferde gesehen hatten) führten diese Angriffe oft zu einem sofortigen, panischen Rückzug.

Noch tödlicher als die spanischen Invasoren selbst war die Fülle von Krankheiten, die die Spanier in die Region brachten. Krankheiten wie Pocken, Masern und schließlich Malaria suchten die lokale Bevölkerung in ganz Amerika heim, und sowohl im Hochland als auch im Tiefland der Maya war die Sterblichkeitsrate aufgrund dieser Krankheiten im 16. Jahrhundert enorm.

Voreingenommenheit

Die folgenden Kapitel befassen sich mit den spanischen Eroberungen des Maya-Kernlandes: eine Zeit, in der das Maya-Volk seine erste bittere Erfahrung mit dem europäischen Kolonialismus machte, als die Spanier versuchten, eine indigene Bevölkerung zu erobern, die erbittert um das Überleben ihrer Kultur kämpfte.

Es sei darauf hingewiesen, dass das meiste, was über diese Eroberungen bekannt ist, aus spanischen Quellen stammt, die eine eurozentrische Tendenz haben, die Maya als Wilde darzustellen, die von der europäischen Hochkultur zivilisiert werden mussten. (Genauso wie die Maya voreingenommene historische Aufzeichnungen machten, die die Spanier als mörderische Bestien darstellten). Wir werden weder das ganze Ausmaß der spanischen Grausamkeiten gegen die Maya erfahren noch die Zuverlässigkeit der spanischen Darstellungen in Bezug auf die „Wildheit" der Maya, wie z. B. ihrer Menschenopfer.

Wie voreingenommen diese Quellen auch sein mögen, sie sind leider die einzige Möglichkeit, die Eroberung Amerikas zu verstehen. Wie genau diese Details, Geschichten und Darstellungen sind, wird man vielleicht nie ganz erfahren. Durch eine detaillierte, objektive Darstellung sowohl der spanischen als auch der Maya-Quellen kann jedoch ein allgemeiner Überblick über diese Periode enormer Umwälzungen und Veränderungen in der Maya-Zivilisation gewonnen werden.

Erstes Aufeinandertreffen

Man nimmt an, dass die Spanier den Maya von Yucatán zum ersten Mal im Jahr 1502 begegneten, als eine Expedition unter der Leitung des berühmten spanischen Entdeckers Christoph Kolumbus vor der Küste der Halbinsel auf Maya-Händler traf.

Kolumbus landete während seiner vierten Expedition nach Amerika auf der Insel Guanaja vor der Küste von Honduras. Anschließend schickte er seinen jüngeren Bruder Bartholomäus Kolumbus aus, um die Insel und ihre Gewässer zu erkunden. Bei der Erkundung der Region stieß Bartholomäus auf ein großes Kanu, das von einer Maya-Mannschaft von der Halbinsel Yucatán gesteuert wurde. An Bord befanden sich zahlreiche Luxusgüter, so dass es sich sehr wahrscheinlich um ein Handelskanu handelte, das auf dem Weg nach Süden war, um mit anderen mesoamerikanischen Gesellschaften Handel zu treiben.

Anstatt zu versuchen, mit der Maya-Besatzung Informationen auszutauschen oder eine freundschaftliche Beziehung aufzubauen, plünderte die spanische Besatzung das Kanu und nahm den Kapitän gefangen, in der Hoffnung, dass er bei künftigen Eroberungen als Dolmetscher dienen könnte. Diese erste Begegnung zwischen den Spaniern und den Maya sollte den düsteren Ton für Jahrzehnte der Eroberung und Ausbeutung in ganz Yucatán vorgeben.

Die verbliebene Mannschaft reiste zurück auf die Halbinsel und begann, die Nachricht von ihrer Begegnung mit den Spaniern zu verbreiten. Die Nachricht von den weißen Eindringlingen verbreitete sich in den Maya-Städten an der Küste, und viele begannen zu glauben, dass sie vom gefiederten Schlangengott Kukulkan, einer mächtigen Gottheit des nördlichen Tieflandes, gesandt worden seien.

Im Jahr 1511 erlitt die „Santa Maria de la Barca" vor der Küste Jamaikas im Karibischen Meer Schiffbruch. Kapitän Pedro de Valdivia und seine Mannschaft beschlossen, sich mit einem der kleinen Boote des Schiffes in Richtung Westen treiben zu lassen. Im Laufe von zwei Wochen starb die Hälfte der Besatzung an Dehydrierung und Hitzeeinwirkung. Die Überlebenden landeten an der Ostküste von Yucatán, wo sie ein nicht gerade freundlicher Empfang erwartete.

Spanischen Quellen zufolge nahm der örtliche Maya-Fürst, Halach Uinik, die überlebende Besatzung als Gefangene. Der Kapitän und vier weitere Besatzungsmitglieder wurden sofort in einem rituellen Opfer getötet, und die örtliche Bevölkerung verzehrte ihre Leichen.

Aguilar und Guerrero

Zwei der Überlebenden, Geronimo de Aguilar und Gonzalo Guerrero, entkamen ihren Maya-Entführern, wurden aber von einem anderen Maya-Fürsten gefangen genommen. Die beiden Männer dienten acht Jahre lang als Sklaven in der Maya-Stadt Chetumal und beherrschten schließlich fließend die Maya-Sprache. Aguilar wurde schließlich von einer spanischen Expeditionstruppe unter der Führung von Hernan Cortes gerettet, dem er während seiner Feldzüge in Zentralmexiko als Übersetzer diente.

Guerrero ging einen ganz anderen Weg in die Freiheit. Zu dem Zeitpunkt, als Aguilar gerettet wurde, hatte sich Guerrero teilweise in die lokale Maya-Kultur eingefügt. Er war ein hochrangiges Mitglied der militärischen Streitkräfte der Maya-Stadt geworden und hatte viele kulturelle Praktiken der lokalen Bevölkerung übernommen, darunter traditionelle Maya-Piercings und Tätowierungen. Er hatte eine einheimische Maya-Frau geheiratet und war möglicherweise der erste Vater von Mestizen in Amerika.

Guerreros spanische Kameraden unternahmen mehrere Versuche, ihn zurückzuholen, aber er weigerte sich, das Maya-Dorf zu verlassen. Es gibt Hinweise darauf, dass Guerrero sogar Feldzüge der örtlichen Maya im Kampf gegen seine ehemaligen Kameraden angeführt haben könnte.

Eine Statue von Guerrero in Akumal, Mexiko.
https://commons.wikimedia.org/wiki/File:EstatuaAkumal.jpg

Francisco Hernández de Córdoba

Das erste spanische Expeditionskorps, das auf der Halbinsel landete, stand unter dem Kommando von Francisco Hernández de Córdoba. Die Flotte brach 1517 von Kuba aus auf und kam in der Nähe der Nordküste der Halbinsel an. Córdoba entschied sich, wegen der gefährlichen Untiefen an der Küste nicht anzulanden, sondern entdeckte eine kleine indigene Siedlung an der Küste. Mehrere Maya-Kanus ruderten am nächsten Tag zum Schiff hinaus und führten einen freundlichen Austausch mit der spanischen Besatzung, nachdem sie das Schiff betreten hatten.

Da er davon ausging, dass die örtliche Bevölkerung seine Truppen friedlich empfangen würde, beschloss Córdoba, an der Küste zu landen. Die kleine Expeditionstruppe machte sich auf den Weg in die Stadt, als sie von einheimischen Maya-Kriegern angegriffen wurde. Einige der Besatzung wurden durch Pfeile aus dem Hinterhalt verwundet, konnten die Maya-Angreifer aber erfolgreich zurückdrängen. Die Maya verwendeten häufig Pfeilspitzen aus Feuerstein, die in den Wunden zerbrachen und schreckliche Infektionen verursachten, an denen später zwei der verwundeten Männer starben.

Nachdem sie die Angreifer erfolgreich abgewehrt hatten, zogen die spanischen Truppen weiter an den Rand der nahe gelegenen Stadt, wo sie einige Maya-Tempel und andere Gebäude plünderten. Die Spanier fanden viele Gegenstände aus Gold, was die Männer mit großer Begeisterung für die Reichtümer, die in der Region zu finden waren, erfüllte. Nachdem sie zwei Gefangene gemacht hatten, die als Dolmetscher dienten, kehrten Córdoba und seine Männer zu ihrem Schiff zurück, um ihre Expedition fortzusetzen.

Während die Flotte die Westküste der Halbinsel entlang nach Süden segelte, gingen die Süßwasservorräte der Besatzung bedrohlich zur Neige. Im Februar 1517 erreichte die Mannschaft die Maya-Stadt Campeche an der Küste und schickte sofort eine Gruppe in die Stadt, um Wasser zu holen. Die Stadtbevölkerung erlaubte ihnen, die Stadt zu betreten und etwas Wasser in ihren Fässern mitzunehmen, aber die Situation verschlechterte sich bald, als die Stadtverwaltung ihnen befahl, zu ihrem Schiff zurückzukehren.

Das Schiff segelte über eine Woche lang weiter in Richtung Süden und landete schließlich in der Nähe der Maya-Stadt Champotón. Nach der Landung an der Küste fand die Besatzung schnell eine Süßwasserquelle, wurde aber bald von einer Gruppe von Kriegern aus der Stadt angegriffen. Das Schiff konnte seine Wasservorräte wieder auffüllen, doch am nächsten Tag war das Expeditionskorps vollständig von einer bedeutenden Streitmacht der Maya umzingelt.

In der darauf folgenden einstündigen Schlacht wurde mehr als die Hälfte der spanischen Streitkräfte getötet und alle überlebenden Spanier verwundet. Am Ende der Schlacht rannten die überlebenden Männer zu ihren Schiffen und setzten die Segel in Richtung Karibik.

Die Geschichte der Expedition wurde von Hauptmann Córdoba dokumentiert, der kurz nach der Schlacht bei Champotón seinen Verletzungen erlag. Vor allem aber schrieb er ausführlich über das Gold und andere wertvolle Artefakte, die er in der Maya-Region fand. Obwohl die Geschichte dieser Expedition für die ersten Spanier, die das Kernland der Maya erforschten, kein glückliches Ende nahm, schreckte sie weitere Expeditionen nicht ab. Die Aussicht auf potenziell unberührten Reichtum im Maya-Gebiet steigerte den wachsenden Eroberungsdrang der Spanier in Amerika nur noch weiter.

Juan de Grijalva

Im Jahr 1518 wurde Juan de Grijalva von seinem Onkel, dem kubanischen Gouverneur Diego Velázquez, auf die zweite Expedition nach Yucatán geschickt. Velázquez war aufgrund der Berichte über Goldvorkommen an den Küsten der Halbinsel sehr optimistisch und stellte seinem Neffen vier Schiffe für die Expedition zur Verfügung.

Im April 1518 traf die Flotte auf der Insel Cozumel vor der Ostküste Yucatáns ein. Grijalva und seine Männer unternahmen mehrere Versuche, mit der Inselbevölkerung in Kontakt zu treten, doch als die Schiffe eintrafen, floh diese von der Küste. Nachdem er die Ostküste der Halbinsel entlanggefahren war, beschloss Grijalva, umzukehren und die Westküste entlangzusegeln.

Die Truppe erreichte die Stadt Campeche und versuchte, um Trinkwasser zu verhandeln, aber die Bevölkerung der Stadt lehnte ab. Der verärgerte Kapitän eröffnete daraufhin mit einer fahrbaren Kanone das Feuer auf die Stadt, was einen Großteil der Bevölkerung dazu veranlasste, die Stadt zu verlassen und in den Wald zu fliehen. Während sich die Flotte Champotón näherte, tauchte eine Gruppe von Maya-Kriegern in Kanus auf, die jedoch schnell ans Ufer flohen, als Grijalva seine Kanonen abfeuerte.

Die Flotte segelte dann in die Region Tabasco an der Golfküste, wo eine Gruppe von Maya-Kriegern sie von der Küste aus beobachtete, aber keine Anzeichen eines Angriffs zeigte. Grijalva nutzte seine Übersetzer, um ein kleines Handelsgeschäft mit der Gruppe abzuschließen, die ihm von den großen Reichtümern der Azteken in Zentralmexiko erzählte. Die Flotte segelte daraufhin nach Westen zur zentralmexikanischen Küste und sah viele Anzeichen des großen Aztekenreichs.

Auf der Rückreise in die Karibik, wo Grijalva über das große Aztekenreich berichten wollte, machte die Flotte in Champotón Halt, um die bei der vorherigen Expedition in der Stadt getöteten Spanier zu rächen. Die anschließende Schlacht verlief ähnlich wie die erste, und ein großer Teil der Expeditionsstreitkräfte wurde verwundet und musste auf ihre Schiffen fliehen.

Obwohl diese beiden Expeditionen nur zu kurzen Begegnungen mit der Maya-Bevölkerung an der Küste führten, legten sie den Grundstein für die nachfolgenden Eroberungen, die die Maya-Gesellschaft zerstören sollten. Der immense unberührte Reichtum Mesoamerikas wurde durch diese gefahrvollen Reisen bestätigt, und nun war es nur noch eine Frage der Zeit, bis die großen Eroberer des 15. Jahrhunderts kamen, um ihn zu beanspruchen.

Kapitel 14: Hernan Cortes und Pedro de Alvarado

Als sich in Spanien und der von Spanien kontrollierten Karibik Gerüchte über die potenziellen Reichtümer Mesoamerikas verbreiteten, wurde der größte spanische Entdecker zum Kapitän der bisher ehrgeizigsten Expedition nach Amerika. Hernan Cortes war fasziniert von den Geschichten über den großen Reichtum des Aztekenreichs in Zentralmexiko. Er sah in der Halbinsel Yucatán nicht nur einen Ort mit großem potenziellen Reichtum, sondern auch einen erstklassigen Landeplatz und eine Operationsbasis für den späteren Vorstoß in das aztekische Kernland.

Cortes wurde das Kommando über eine Flotte von 11 Schiffen und 500 Mann für die Expedition übertragen. Viele Besatzungsmitglieder wie Pedro de Alvarado wurden zu den berühmtesten (oder berüchtigtsten) Konquistadoren der spanischen Eroberungen.

Ein Kupferstich von Cortes von der Hand des Künstlers William Holl aus dem 19. Jahrhundert.
https://commons.wikimedia.org/wiki/File:Cortes-Hernan-LOC.jpg

Cortes' Expedition

Genau wie die Expedition vor ihnen erreichte die Flotte zunächst die Insel Cozumel. Cortes wusste jedoch, dass seine Expedition dem spanischen Einfluss in Amerika ein viel dauerhafteres Element hinzufügen musste. Heilige Maya-Tempel wurden bei ihrer Ankunft auf der Insel verunstaltet, und auf ihren Dächern wurde ein christliches Kreuz errichtet. Wie im vorherigen Kapitel erwähnt, schickte Cortes auch einen Suchtrupp auf die Halbinsel, der Geronimo de Aguilar rettete, der ihm als Übersetzer dienen sollte.

Die Flotte segelte dann westlich um die Halbinsel herum und erreichte schließlich die Region Tabasco an der Golfküste. Die spanischen Truppen landeten an der Mündung des von Cortes so genannten Grijalva-Flusses, in der Nähe der Maya-Stadt Potonchán. Maya-Krieger kamen aus der Stadt heraus, und es kam zu einer großen Schlacht, die mit einem entscheidenden spanischen Sieg endete, nachdem die Maya große Verluste erlitten hatten.

Der Niedergang der Azteken

Nach der Schlacht wurde Cortes von den besiegten Maya-Adeligen angesprochen, die ihm verschiedene Güter anboten, darunter Gold und junge Maya-Frauen. Eine dieser Frauen, Marina, sollte bei der Eroberung Mexikos und der Azteken eine entscheidende Rolle spielen.

Marinas Vater war ein Aztekenhäuptling, und nach seinem Tod wurde sie von ihrer Mutter in die Sklaverei verkauft. Nachdem sie an die Maya an der Golfküste verkauft worden war, landete sie schließlich in der Region Tabasco. Die Kombination aus ihrer hervorragenden Ausbildung, die sie in einer adeligen aztekischen Familie genossen hatte, und ihrer fließenden Beherrschung der Maya- und der aztekischen Sprache machte sie zu einer großen Bereicherung für Cortes.

Die junge Sklavin erwies sich als weit mehr als nur eine Übersetzerin. Sie stellte eine enorme Bereicherung für die Eroberung Mexikos dar, da sie die Spanier über die Feinheiten der mesoamerikanischen Kultur und die Geografie der Region unterrichtete. Während der Reise wurde sie auch die Geliebte von Cortes, und das Paar bekam einen gemeinsamen Sohn.

Nach dem Sieg in Tabasco führte Cortes seine Flotte nordwestlich entlang der Küste in das Herz des Aztekenreichs. Nachdem er die Tlaxcalaner und Cholula besiegt hatte, schloss Cortes ein mächtiges Bündnis mit vielen zentralmexikanischen Völkern, die mehr als bereit waren, ihre aztekischen Oberherren zu stürzen. Cortes eroberte schließlich 1521 die Hauptstadt Tenochtitlán und benannte sie in Mexiko-Stadt um. Die neue Stadt sollte als Hauptstadt von Neuspanien dienen und wurde zum Zentrum des spanischen Kolonialismus in Amerika.

Kontakte mit den Maya in Soconusco

Nachdem sie erfahren hatten, dass das Aztekenreich so schnell an die Spanier gefallen war, schickten sowohl die Cakchiquel als auch die Quiché-Maya aus dem Hochland ihre Diplomaten, um der spanischen Herrschaft in Mexiko ihre Treue zu verkünden. Im folgenden Jahr schickte Cortes einen Spähtrupp nach Soconusco im Südwesten der Region Chiapas in der Sierra Madre de Chiapas. Trotz der Treue der Quiché und Cakchiquel zu Spanien berichteten die Späher, dass beide Maya-Königreiche Völker in Soconusco angriffen, die loyale Verbündete Spaniens waren.

Da diese beiden Maya-Königreiche die spanische Kontrolle über die Region zu stören drohten, schickte Cortes Pedro de Alvarado mit einer massiven Streitmacht, die sich sowohl aus spanischen Truppen als auch aus mesoamerikanischen Verbündeten zusammensetzte, um die Unruhen niederzuschlagen und das heutige Guatemala vollständig zu erobern.

Bis Anfang 1524 hatte Alvarado die Region Soconusco vollständig erobert. Während in den meisten von den Spaniern kontrollierten Regionen die indigene Bevölkerung in die kolonialen Siedlungen getrieben wurde, durften die Maya des Hochlands aufgrund ihrer Kakaoplantagen, die als eine der wertvollsten Nutzpflanzen Neuspaniens galten, weitgehend in ihrem Gebiet bleiben.

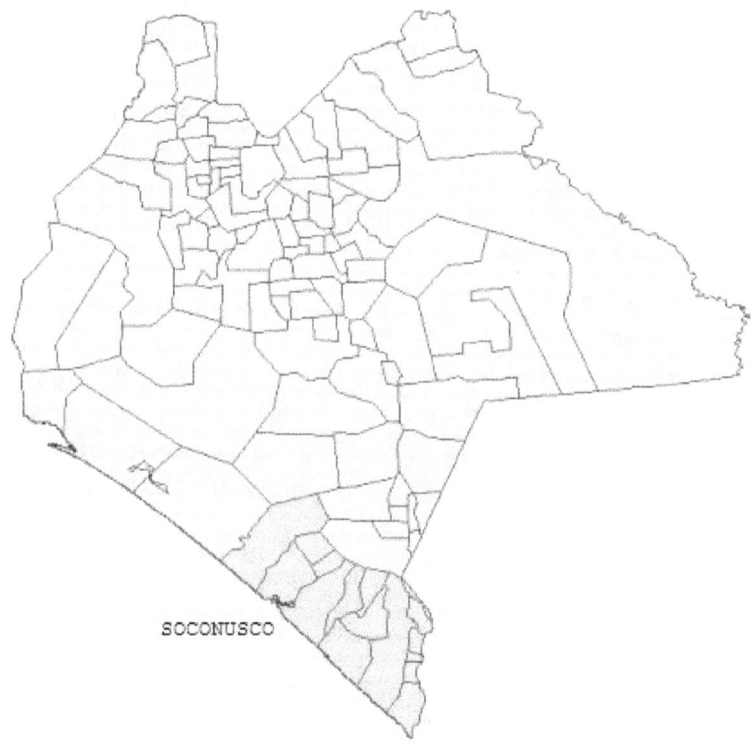

Die Lage von Soconusco.
https://commons.wikimedia.org/wiki/File:Soconusco.png

Encomienda

Das Encomienda-System war ein Markenzeichen für die Brutalität und Ausbeutung bei den Eroberungen. Es war die Antwort der spanischen Krone auf die Tatsache, dass sie nicht in der Lage war, eine zentralisierte Kolonialregierung unter der feindseligen indigenen Bevölkerung Amerikas zu etablieren. Das Encomienda-System erlaubte es den spanischen Kolonisten, sich nach freiem Wunsch in jedem nicht eroberten Gebiet anzusiedeln. Natürlich wurde dieses Land in der Regel von einer einheimischen Bevölkerung bewohnt, die nicht begeistert davon war, neue spanische Herrscher zu haben.

Indem sie das Gebiet besiedelten, gehörte es in den Augen der spanischen Krone faktisch ihnen. Sie hatten die Aufgabe, das Land und die einheimische Bevölkerung zu verwalten, was im Wesentlichen bedeutete, sie vor Eindringlingen von außen zu schützen, sie zum Christentum zu bekehren und andere Institutionen, wie etwa ein Bildungssystem, aufzubauen. Dieses System führte jedoch fast immer zur Ausbeutung. Die Kolonisten ließen sich in der Regel mit Hilfe einer militärischen Streitmacht auf dem Land nieder, eroberten die Einheimischen und plünderten einen Großteil ihres Reichtums. Einheimische Mayas wurden entführt und als Sklaven verkauft oder arbeiteten auf den Feldern für wenig oder gar keinen Lohn. Die Einheimischen wurden auch gezwungen, viele ihrer Vorräte und Lebensmittel abzugeben, was zu einer weit verbreiteten Hungersnot in den lokalen Dörfern führte.

All dies wurde von den Kolonialbehörden nicht geahndet, da das Encomienda-System zu einem Blankoscheck wurde, den die spanische Krone für unkontrollierte Ausbeutung und Gräueltaten in ganz Amerika ausstellte. Unter dem Vorwand, die Eingeborenen zu „zivilisieren", erlaubten die spanischen Behörden den Konquistadoren und Kolonisten, das Volk der Maya nach Belieben zu dezimieren und auszubeuten.

Cortes' Eroberung des Tieflandes

Nachdem die Region Soconusco fest in spanischer Hand war, nahm Cortes das heutige Honduras ins Visier. Cortes hatte einen seiner vertrauenswürdigsten Hauptleute, Cristóbal de Olid, mit der Eroberung der Region beauftragt, doch Olid wurde abtrünnig und erklärte sich zum Herrscher der von Neuspanien unabhängigen Region.

Cortes verließ das aztekische Kernland im Oktober 1524 mit einer Streitmacht, die größtenteils aus indigenen mexikanischen Truppen bestand. Nachdem er die Region des Golfs von Tabasco durchquert hatte, führte Cortes seine Männer in den dichten Regenwald des südlichen Maya-Tieflandes und kam dabei direkt an den verlassenen Ruinen von Tikal vorbei. Im März 1525 erreichten die Truppen den Petén Itzá-See und wurden von den dortigen Maya empfangen. Der Maya-König, der mit Cortes zusammentraf, war von den katholischen Priestern so beeindruckt, dass er erklärte, er und sein Volk würden sofort zum Christentum übertreten, nachdem sie eine kleine Zeremonie zur Feier der Messe abgehalten hatten.

Nach dem Besuch von Noh Petén machte sich Cortes auf den bisher beschwerlichsten Teil seiner Expedition. Seine Truppen durchquerten das Maya-Gebirge im heutigen Belize, und viele Männer und Pferde starben, als sie sich im heutigen Ost-Guatemala verirrten. Die Männer verhungerten fast, bevor sie ein junges Maya-Kind fanden, das sie zu einem nahe gelegenen Dorf führte. Nach einigen Wochen erreichte Cortes schließlich mit einem Bruchteil der Männer, mit denen er Zentralmexiko verlassen hatte, sein Ziel in Honduras. Zu seiner Überraschung stellte er fest, dass das Gebiet für Neuspanien zurückerobert worden war, da der abtrünnige Hauptmann von seinen eigenen Männern getötet worden war.

Die Eroberung des Hochlands

Anfang 1524 führte Pedro de Alvarado spanische Truppen durch die pazifische Küstenebene und erreichte schließlich die Quiché-Maya im Hochland von Guatemala. Eine Streitmacht der Quiché versuchte verzweifelt, Alvarado an der Überquerung des Samala-Flusses zu hindern, hatte aber letztlich keinen Erfolg. Nachdem sie den Fluss überquert und die Maya zum Rückzug gezwungen hatten, plünderten die Spanier die Dörfer in der Region.

Am 8. Februar stieß Alvarado in der Stadt Xetulul auf eine gewaltige Verteidigungsstreitmacht. Nachdem er die Maya besiegt hatte, überfiel er die Stadt und schlug sein Lager auf dem zentralen Platz auf. Die spanischen Truppen zogen dann weiter in die Sierra Madre, wo sie von einer anderen Maya-Truppe überfallen wurden. Nachdem er die einheimischen Krieger in die Flucht geschlagen hatte, zog er weiter zur Stadt Xelaju, deren gesamte Bevölkerung geflohen war, nachdem sie vom Eindringen der Spanier in die Sierra Madres erfahren hatte.

Am 18. Februar griff ein riesiges Heer von 30.000 Quiché-Kriegern Alvarado an, doch dieser schlug den Angriff erfolgreich zurück und fügte den Quiché-Kriegern schwere Verluste zu. Nach ihrer katastrophalen Niederlage baten die Quiché-Fürsten um Frieden und forderten Alvarado auf, Q'umarkaj zu besuchen. In der dortigen Stadt Tzakaha wurde eine Ostermesse abgehalten, eine Kirche gebaut und viele der Indigenen getauft und bekehrt.

Den ganzen März über hielten sich Alvarado und seine Männer in einem kleinen Lager am Rande von Q'umarkaj auf. Alvarado lud schließlich zwei der mächtigsten Anführer der Stadt ein, sich mit ihm im Lager zu treffen, und sobald sie eintrafen, nahm er sie gefangen. Als die

Quiché die Nachricht von der Gefangennahme ihrer Anführer hörten, griffen sie das Lager an, wurden aber zurückgeschlagen. Nach der erfolgreichen Verteidigung des Lagers verbrannte Alvarado die beiden Anführer bei lebendigem Leib, griff die Stadt an und machte sie dem Erdboden gleich.

Nach der Zerstörung der Stadt wandte sich Alvarado an das nahe gelegene Volk der Cakchiquel und schlug ein Bündnis vor, um die überlebenden Quiché-Krieger zu bekämpfen, die aus der Stadt geflohen waren. Nachdem sie von der Zerstörung Q'umarkajs erfahren hatten, ergaben sich zahlreiche andere Maya-Völker im Hochland Alvarado.

Im April drangen Alvarado und seine Männer in die Stadt Iximché ein und nahmen freundschaftliche Beziehungen zu den Cakchiquel-Herrschern auf. Die Könige stellten den spanischen Truppen zahlreiche einheimische Maya-Truppen zur Verfügung, die ihnen helfen sollten, die Quiché und die Tzutuhil zu besiegen. Im Juli beschloss Alvarado, Iximché zur Hauptstadt des kolonialen Guatemala zu machen und benannte sie in „Santiago de los Caballeros de Guatemala" um.

Alvarado schickte daraufhin zwei Gesandte zu den Tzutuhil, um sie zur Kapitulation zu überreden, aber beide Spanier wurden getötet. Die Spanier stellten die Tzutuhil sofort mit einer gewaltigen Streitmacht, darunter viele Cakchiquel-Soldaten, an einem nahe gelegenen See zum Kampf. Nach einem vernichtenden Kavallerieangriff zogen sich die Tzutuhil in einem Getümmel auf eine Insel im See zurück. Die Spanier griffen daraufhin die Überlebenden an, die sich auf die Insel geflüchtet hatten, doch viele Tzutuhil konnten sich schwimmend ans Ufer retten.

Nach der Schlacht marschierten die Spanier und Cakchiquel in die Hauptstadt der Tzutuhils, Tecpán, ein und fanden sie völlig verlassen vor. Die Maya-Herrscher der Stadt schickten bald darauf Gesandte in Alvarados Lager, um ihren Wunsch nach Kapitulation mitzuteilen.

Die Landschaft, die man von Tecpán aus sehen konnte.
chensiyuan, CC BY-SA 4.0 <https://creativecommons.org/licenses/by-sa/4.0>, via Wikimedia Commons https://commons.wikimedia.org/wiki/File:Lago_de_Atitl%C3%A1n_2009.JPG

Auftakt zur Eroberung Chiapas

Der Konquistador Luis Marín wurde 1524 nach Chiapas geschickt, um Aufklärungsarbeit für die bevorstehende Eroberung der Region zu leisten. Er brach mit einem kleinen Expeditionskorps von Coatzacoalcos an der Golfküste auf und stieß schließlich am Fluss Grijalva auf eine Streitmacht von Chiapanecos-Kriegern. Nachdem er die Maya besiegt hatte, zog Marín durch eine von Zinacantecos bewohnte Siedlung, die sich als einige der treuesten spanischen Verbündeten in der Region Chiapas erweisen sollten.

Als Marín sich der Stadt Chamula näherte, wurde er von einer Gruppe von Tzotzil-Mayas angesprochen, die ihn friedlich begrüßten. Als er sich jedoch der Stadt näherte, stieß er auf den feindlichen Widerstand der einheimischen Krieger und musste feststellen, dass die Bevölkerung mit ihren Lebensmittelvorräten geflohen war. Marín geriet in einen Hinterhalt der Chamula-Krieger, die auf einer Klippe standen und Speere auf die spanischen Truppen schleuderten. Als Marín und seine Männer schließlich Chamula erreichten, fanden sie die Stadt völlig verlassen vor. Die Spanier ritten weiter nach Huixtan, einer verbündeten Stadt der Tzotzil, die ebenfalls von der Bevölkerung verlassen worden war. Nachdem sie die wenigen Verteidiger dort besiegt hatten, beschlossen die Spanier, nach Coatzacoalcos zurückzukehren.

Die Cakchiquel-Revolte

Trotz des starken Bündnisses zwischen den Cakchiquel-Herrschern und Alvarado wurden die Cakchiquel durch die von den Spaniern geforderten exorbitanten Goldtribute zunehmend desillusioniert. Nachdem die Cakchiquel sich weigerten zu zahlen, verließ die Bevölkerung in Erwartung eines spanischen Angriffs schnell die Hauptstadt. Die Cakchiquel, die nun in den abgelegenen Wäldern der Region lebten, begannen einen Guerillakrieg gegen die Konquistadoren zu führen.

Marín errichtete eine neue Siedlung in der Region, die jedoch aufgrund der ständigen Angriffe der Cakchiquel-Rebellen bald nach Osten in das Almolonga-Tal verlegt wurde. Die Cakchiquel setzten ihren Guerillakrieg gegen die Spanier bis 1530 fort, als zwei Cakchiquel-Herrscher schließlich vor Marín kapitulierten.

Zaculeu

Der Bruder von Pedro de Alvarado, Gonzalo de Alvarado y Contreras, eroberte 1525 mit einer großen Streitmacht, die größtenteils aus verbündeten einheimischen Truppen bestand, die Stadt Xinabahul. Anschließend zog er weiter zur Stadt Momostenango, die schnell von den spanischen Streitkräften eingenommen wurde. Nachdem er Momostenango eingenommen hatte, zogen seine Truppen nach Huehuetenango, wo er auf eine große Armee der Mam-Maya traf. Die spanischen Truppen griffen die Krieger mit ihrer Kavallerie an, die sich daraufhin schnell zurückzogen und in den Wald flüchteten. Als die Spanier die Stadt erreichten, fanden sie diese völlig verlassen vor.

Der Herrscher der Mam hörte von dem spanischen Sieg und errichtete eine starke Verteidigung in der Stadt Zaculeu, als sich die Spanier näherten. Er nutzte sein ausgedehntes Bündnissystem mit den benachbarten Maya-Völkern zur Verteidigung der Stadt. Dennoch gelang es Alvarado in der Anfangsphase der Schlacht, viele der Verteidigungsanlagen zu durchbrechen. Die Mam-Krieger zogen sich hinter die Stadtmauern zurück, als eine große Streitmacht der Maya die Spanier von Norden her angriff. Alvarados Männer dezimierten die Verstärkung schnell, und die Spanier begannen eine monatelange Belagerung von Zaculeu. Als die Belagerung aufgehoben wurde, war der größte Teil der Stadtbevölkerung tot, und viele der hungernden Überlebenden griffen zum Kannibalismus. Nach der brutalen Belagerung wurde eine große Garnison in Huehuetenango errichtet.

Kapitel 15: Eroberung der Chiapas

Pedro de Portocarrero wurde mit einer neuen Eroberungsaktion in der Region Chiapas beauftragt. Anfang 1528 errichteten seine Truppen einen Stützpunkt in San Cristóbal de Los Llanos, das vom Maya-Volk der Tojolabal kontrolliert wurde. Nachdem sie dort eine Garnison errichtet hatten, drangen die Truppen nach und nach in das Ocosingo-Tal vor. Portocarreros Expedition nach Chiapas war außerordentlich erfolgreich, und am Ende des Jahres kontrollierten die Spanier fast das gesamte Hochland von Chiapas.

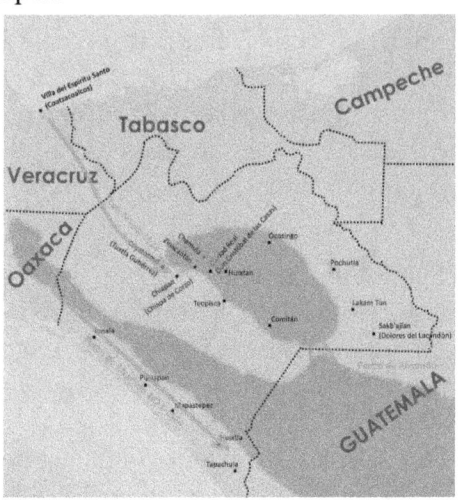

Frühe Zugangsrouten nach Chiapas, 1523-1525.
Simon Burchell, CC BY-SA 4.0 <https://creativecommons.org/licenses/by-sa/4.0>, via Wikimedia Commons https://commons.wikimedia.org/wiki/File:Chiapas_conquest_routes_1523_to_1525.png

Diego Mazariegos

Im selben Jahr brachte Diego Mazariegos eine Truppe in die Region Chiapas, in der ein Großteil der Bevölkerung durch eine große Hungersnot und Krankheiten getötet worden war. Die örtliche Stadt Zinacantán, die sich über Aufstände gegen die neue spanische Regierung beklagte, bat um Hilfe bei der Niederschlagung der Rebellen, und Mazariegos schickte eine kleine Truppe, die den Aufstand schnell beendete.

Mazariegos hatte den Auftrag erhalten, das Hochland von Chiapas in eine Provinz für die spanische Krone zu verwandeln. Nachdem er Zinacantán gesichert hatte, führte er seine Truppen nach Chiapas, wo sie eine kleine Garnison namens „Villa Real" errichteten, die als vorübergehende Operationsbasis für die Eroberung von Chiapas dienen sollte.

Viele der Spanier, die sich bereits im Hochland von Chiapas aufhielten, begrüßten Mazariegos und seine Männer mit Bitterkeit, da die Region als eines der wertvollsten Gebiete des Hochlands galt. Mazariegos befahl Portocarrero und seinen Männern, das Gebiet zu verlassen, und die beiden Männer trafen sich in der Stadt Coatzacoalcos, um zu verhandeln. Man einigte sich darauf, dass die spanischen Kolonisten, die in San Cristóbal de Los Llanos lebten, nach Villa Real, das nun im Jovel-Tal lag, umziehen sollten.

Nach den Verhandlungen verließ Portocarrero die Region und kehrte nach Guatemala zurück, und Mazariegos begann, die örtlichen Spanier zu ermutigen, in unberührtes Maya-Gebiet vorzudringen. Die Expansion in diese Gebiete wurde dadurch erleichtert, dass ein großer Teil der lokalen Maya-Bevölkerung getötet worden war.

Rebellion

Die spanische Hauptsiedlung Villa Real im Jovel-Tal war von einer zunehmend feindseligen Maya-Bevölkerung umgeben, die ständig ums Überleben kämpfte. Die spanischen Truppen brachten Krankheiten zu den Maya und zwangen sie, regelmäßig ihre Ressourcen wie Nahrung und Wasser aufzugeben. Als die Hungersnot einsetzte und die ohnehin schon geschwächte Maya-Bevölkerung zugrunde richtete, begannen sie, einen Aufstand gegen die Spanier zu planen. Da Villa Real nun von der spanischen Verstärkung und Versorgung abgeschnitten war, erhoben sich die Maya gegen ihre neuen Herren. Die einzige lokale Maya-Bevölkerung, die nicht rebellierte, war die Stadt Zinacantán.

Als die einheimischen Maya sich weigerten, den Kolonisten von Villa Real Vorräte zu übergeben, führten die Spanier eine Reihe von Kavallerieangriffen auf die örtlichen Dörfer durch. Die Maya zogen sich mit ihren Familien in die abgelegenen Berge und Höhlen der Region zurück, die ihnen als Verteidigungsanlagen dienten. In Quetzatlepeque lieferten sich die Spanier und die indigenen Truppen Zentralmexikos ein Gefecht mit den einheimischen Maya, das die Spanier trotz einiger Verluste für sich entscheiden konnten. Trotz dieses Sieges blieb der Rest der Bevölkerung von Chiapas den Spaniern gegenüber feindlich eingestellt.

Mazariegos war bald gezwungen, die Region zu verlassen, da er schwer erkrankte, und wurde durch Juan Enriquez de Guzman als Führer von Villa Real ersetzt. Guzman versuchte, den spanischen Einfluss in der gesamten Region zu verbreiten, doch die lokale Bevölkerung blieb gegenüber der Kolonialbehörde eigensinnig.

Ciudad Real

Pedro de Alvarado übernahm 1531 das Amt des Gouverneurs der Provinz Chiapas und benannte Villa Real sofort in San Cristóbal de Los Llanos um. Eine spanische Streitmacht griff die örtliche Maya-Stadt Puyumatlán an und konnte die Stadt zwar nicht vollständig einnehmen, erbeutete aber viele Maya-Sklaven, die auf dem wachsenden Sklavenmarkt von Neuspanien verkauft werden konnten.

Die Gefangennahme einheimischer Sklaven wurde zu einem der wichtigsten Bestandteile der spanischen Eroberungen, da die Überfälle auf kleine Dörfer in der Regel nur wenige Opfer forderten und die Sklaven auf dem Sklavenmarkt zu hohen Preisen verkauft werden konnten. Die Gefangennahme von Sklaven durch die Konquistadoren half ihnen sehr bei ihren Eroberungsbestrebungen, da sie einen kontinuierlichen Kreislauf schufen, durch den sich die Eroberungen weitgehend selbst finanzierten. Sklaven wurden gefangen genommen und zu hohen Preisen auf dem Markt verkauft, und mit diesem Geld wurden dann weitere Pferde und Waffen gekauft, mit denen wiederum weitere Sklaven und Gebiete erobert werden konnten. Tatsächlich konzentrierten sich viele Konquistadoren während einiger Perioden der Eroberung mehr auf die Durchführung kleinerer Sklaveneroberungszüge gegen die lokale Bevölkerung als auf die Ausdehnung ihres Territoriums. Dies trug jedoch offensichtlich zur wachsenden Feindseligkeit der einheimischen Bevölkerung bei.

Im Jahr 1535 wurde San Cristóbal de Los Llanos in Ciudad Real umbenannt, und die Kolonie wuchs bis in die 1540er Jahre, da neue Kolonisten aus ganz Neuspanien eintrafen.

Bartolomé de Las Casas und die Missionierung von Chiapas

Als die Eroberungen weitergingen, begannen viele Katholiken in den karibischen Kolonien und in Spanien humanitäre Bedenken über die Behandlung der indigenen Bevölkerung Amerikas zu äußern. Bartolomé de Las Casas wurde der prominenteste Kritiker der humanitären Katastrophe, die sich in der Neuen Welt abspielte.

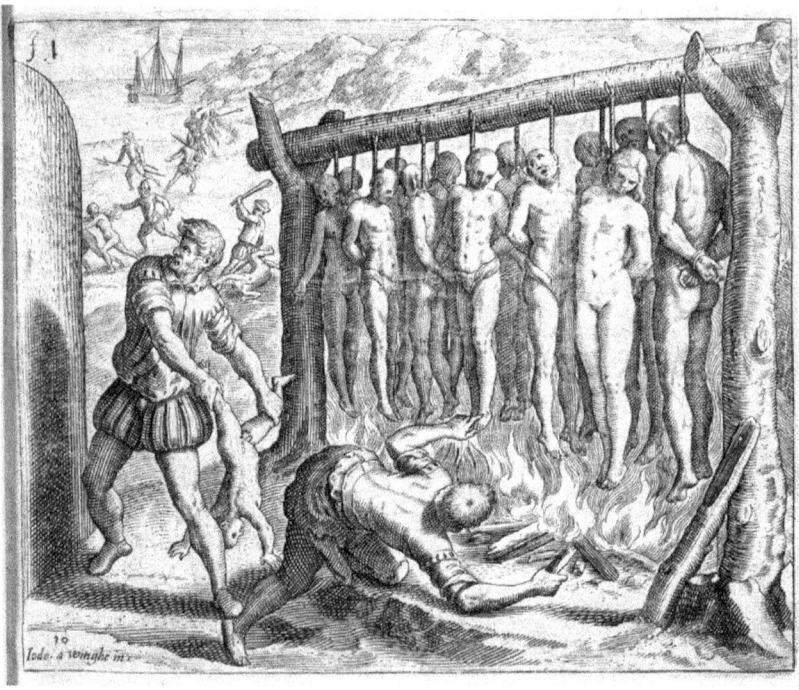

Las Casas hat dieses Bild von den Gräueltaten der Spanier während der Eroberung Kubas in sein Buch aufgenommen.
https://commons.wikimedia.org/wiki/File:Bartolom%C3%A9_de_las_Casas_Regionum_35538574 0_MG_8829_A3-f1.tif

Las Casas war ein spanischer Priester, der während der Eroberung der Karibik zur Missionierung der einheimischen Bevölkerung beitrug. Nachdem er die Schrecken der Eroberungen mit eigenen Augen gesehen hatte, kehrte er 1515 nach Europa zurück und setzte sich für eine Untersuchung ein, die die Gräueltaten der Eroberer ans Licht bringen sollte. Las Casas befürwortete zwar die Kolonisierung und die Assimilierung der Ureinwohner an die katholische Kultur Spaniens, doch er hoffte, die unkontrollierte völkermörderische Eroberung Amerikas in eine friedliche Kolonisierung umwandeln zu können. Eine Strategie bestand darin, katholische Bauern nach Amerika zu schicken, da diese viel eher zu friedlichen Kolonisten werden würden als die gewalttätigen, militanten Konquistadoren.

Las Casas setzte diese Strategie im Jahr 1520 im heutigen Venezuela in die Praxis um. Er verließ Spanien mit einer Gruppe von Bauern und verkündete, dass er eine Stadt gründen würde, in der Eingeborene und Bauern friedlich in einer gleichberechtigten, freien Gesellschaft zusammenleben würden. Las Casas hoffte, eine Alternative zu Völkermord und Ausbeutung durch die Eroberer zu schaffen. Er hoffte, die Indigenen zum Katholizismus zu bekehren und sie zumindest teilweise an die europäische Kultur zu assimilieren und ihnen gleichzeitig den gleichen Status wie den Spaniern zu geben.

Der Plan war jedoch von Anfang an zum Scheitern verurteilt. Er konnte nur eine sehr kleine Zahl von Bauern und Arbeitern für die Reise nach Amerika rekrutieren und stieß bei ihrer Ankunft auf den Widerstand der spanischen Großgrundbesitzer vor Ort. Die Stadt wurde 1522 aufgegeben, als sie von den benachbarten Indigenen angegriffen wurde.

Nach seinem katastrophalen Experiment in Amerika verfasste Las Casas die *Historia de las Indias*, in der er seine Erfahrungen während der Eroberungen festhielt. Das Buch war eine düstere Chronik der Eroberungen, aber mit einem prophetischen, religiösen Unterton. Das Hauptthema des Buches war die Prophezeiung, dass Spanien eines Tages für das Grauen, das es über die Menschen in Amerika gebracht hatte, göttlich bestraft werden würde. La Casas traf Vorkehrungen, um sicherzustellen, dass das Buch erst nach seinem Tod veröffentlicht werden würde. In späteren Schriften schlug er zunehmend einen weltlichen Ton an, indem er die Spanier beschuldigte, die einheimische Bevölkerung aufgrund ihrer Gier nach Gold und Reichtum zu dezimieren.

Im Jahr 1542 erließ die spanische Monarchie die „Neuen Gesetze", die darauf abzielten, in den eroberten Gebieten ein besser funktionierendes Verwaltungssystem einzurichten, um Gewalt, Raubzüge und Plünderungen gegen die lokale Bevölkerung einzudämmen. Dies war ein großer Sieg für Las Casas, der von König Karl zum Kolonialbischof für die Region Chiapas ernannt wurde.

Las Casas segelte 1544 mit einer Gruppe von Anhängern nach Amerika und kam im März 1545 in Ciudad Real an. Die Ankunft von Las Casas und den Dominikanern brachte weitreichende Veränderungen in der Verwaltung der Region mit sich, und viele der örtlichen Kolonisten wehrten sich gegen die neue religiöse Einmischung. Die Kolonisten vertrieben die Geistlichen schließlich unter Androhung von Gewalt aus Ciudad Real und zwangen sie, von nahe gelegenen Dörfern aus zu arbeiten. Als die Gruppe begann, die Region zu bekehren, zogen sie schließlich wieder in Ciudad Real ein, nachdem sich die Spannungen mit den Kolonisten gelegt hatten. Las Casas' Macht als Bischof wurde jedoch bald von einflussreichen Kolonisten gebrochen, die ihre Macht nutzten, um Einfluss auf die spanische Krone zu nehmen.

Die Neuen Gesetze hatten keinen Erfolg, und König Karl war gezwungen, viele der zentralen Bestimmungen der Gesetze zu verwerfen. Mächtige Kolonisten in ganz Neuspanien drohten mit Rebellion, falls die Gesetze durchgesetzt würden, und Karl fürchtete, die neuen amerikanischen Gebiete, in die er so viel investiert hatte, zu verlieren. Trotzdem waren die Neuen Gesetze ein wichtiger Meilenstein in der spanischen Eroberung, denn die katholische Kirche, eine der mächtigsten Institutionen des Landes, begann, die Brutalität der Eroberer zu verurteilen.

Nach der Abschaffung der Neuen Gesetze wurde Las Casas von den einheimischen Kolonisten zunehmend angefeindet, so dass er schließlich gezwungen war, die Region vollständig zu verlassen. Nach seiner Rückkehr nach Spanien im Jahr 1547 verbrachte er den Rest seines Lebens damit, über die Notlage der indigenen Völker Amerikas und die durch die Eroberungen verursachten Verwüstungen zu schreiben und zu predigen. In den Augen vieler indigener Gruppen ist Las Casas sicherlich keine perfekte historische Figur, da er für die Kolonisierung und die Bekehrung der indigenen Völker zum Katholizismus eintrat. Dennoch wird Las Casas von vielen lateinamerikanischen Führern gefeiert, die das außergewöhnliche Risiko anerkennen, das er einging, als er sich gegen die mächtigen Konquistadoren und die kolonialen Bestrebungen der spanischen Krone aussprach.

Las Casas war Augenzeuge des moralischen Verfalls infolge der Eroberungen und nutzte seine Macht in der katholischen Kirche, um die europäischen Regierungen und ihre Bevölkerungen über die brutalen Realitäten der Erforschung der Neuen Welt aufzuklären. Las Casas war eine der ersten Persönlichkeiten, die sich für die Ureinwohner Amerikas einsetzte, die zunehmend ihr Land, ihre Bevölkerung und ihre Kultur an den immer enger werdenden Griff des spanischen Kolonialismus verloren.

Trotz der großen humanitären Bemühungen von Las Casas und seinen dominikanischen Mitstreitern taten diese Missionare auch alles, um den religiösen Glauben der Maya in Chiapas zu vernichten. Die Dominikaner zerstörten viele heilige Maya-Tempel und Monumente in der gesamten Region Chiapas und ersetzten sie durch christliche Kirchen.

Die Missionare wandten manipulative Taktiken an, um die einheimische Bevölkerung zur Konvertierung zu bewegen, wie z. B. die Verwendung des biblischen Buches der Offenbarung, um sie davon zu überzeugen, dass sie göttlich bestraft würden, wenn sie ihre eigenen religiösen Überzeugungen nicht aufgäben. Angesichts der raschen und vollständigen Zerstörung ihres Lebens und ihrer Lebensgrundlagen, die sich überall um sie herum abspielte, ist es nicht schwer zu verstehen, warum ein Großteil der Maya-Bevölkerung den apokalyptischen Warnungen der Missionare Glauben schenkte und zum Christentum konvertierte.

Kapitel 16: Eroberung der Halbinsel Yucatán

Während die Eroberungen des Aztekenreichs in Zentralmexiko den Konquistadoren und der spanischen Krone enormen Reichtum einbrachten, blieb die nördliche Halbinsel Yucatán von den kolonialen Ambitionen weitgehend unberührt. Der zersplitterte Zustand der Städte und der scheinbar undurchdringliche dichte Regenwald machten das Kernland der Maya zu einem weit weniger begehrten Plünderungsgebiet.

Francisco de Montejo

Doch 1526 erhielt Francisco de Montejo, ein erfahrener Eroberer, der Cortes bei der Eroberung der Azteken geholfen hatte, von der spanischen Krone die offizielle Erlaubnis zur Eroberung Yucatáns. Er landete mit 400 Männern in der Nähe des Dorfes Xel Há im Nordosten der Halbinsel und benannte es sofort in „Salamanca de Xel Há" um. Schon bald gingen den Männern die Lebensmittel und Vorräte aus, und sie begannen, vermehrt Überfälle auf die Maya-Dorfbewohner zu verüben. Nachdem die Maya mit ihren Vorräten in den Regenwald geflohen waren, sank die Moral der Männer, und Montejo befürchtete, sie könnten ein Schiff entführen und desertieren. Um diese Bedrohung einzudämmen, brannte er alle vier Schiffe nieder, die in der Nähe der Siedlung festgemacht hatten.

Die Truppen gewöhnten sich allmählich an die rauen Bedingungen der Halbinsel und begannen, den spanischen Einfluss im Nordosten Yucatáns zu vertiefen. Im Jahr 1528 erreichten Montejo und seine Männer die

Maya-Stadt Chaucaca, die sie jedoch völlig leer vorfanden. In den frühen Morgenstunden des folgenden Tages gerieten die Männer in einen Hinterhalt der Maya-Krieger der Stadt, die vor Montejos Ankunft in den Wald geflohen waren. Die Spanier konnten den Angriff erfolgreich abwehren und machten sich sofort auf den Weg zur Stadt Aké. Bei ihrer Ankunft kam es zu einer großen Schlacht, in der die Spanier einen entscheidenden Sieg errangen, bei dem über tausend Maya-Krieger starben. Nach dieser massiven Niederlage der Maya ergaben sich die örtlichen Herrscher Montejo.

Nach dem Besuch einiger anderer Maya-Siedlungen kehrten Montejo und seine Männer zu ihrer Operationsbasis in Xel Há zurück, wo sie feststellen mussten, dass mehr als die Hälfte der dort stationierten Männer von einheimischen Maya getötet worden waren. Eine ganze Gruppe von Spaniern, die in der Nähe des Dorfes Pole stationiert war, wurde ebenfalls tot aufgefunden.

Nachdem er mit seinen Männern in die Karibik geflohen war, wurde Montejo 1529 Bürgermeister von Tabasco an der Golfküste. Sein Ziel, die Eroberung Yucatáns, hatte er jedoch noch nicht erreicht. Nach mehreren gescheiterten Versuchen, Siedlungen zu gründen, die als Ausgangspunkt für die Eroberung der Halbinsel dienen sollten, errichtete Montejo eine Garnison in der Stadt Campeche. Alonso d' Avila reiste auf dem Landweg durch den Osten der Halbinsel, um eine Siedlung zu gründen, musste aber schließlich aufgrund der feindseligen Einheimischen in das heutige Honduras fliehen.

Eine große einheimische Maya-Armee griff die spanischen Truppen in Campeche an, aber Montejo konnte den Angriff abwehren. Der örtliche Maya-Fürst, Aj Canul, traf sich nach der Niederlage sofort mit Montejo und kapitulierte. Montejos Sohn, zu diesem Zeitpunkt ein hochrangiger Konquistador, konnte die neue spanische Kolonie in der Stadt Chichén Itzá, genannt Ciudad Real, gründen. Einige Monate später wurde der örtliche Maya-Herrscher bei einem angeblichen Attentatsversuch auf Montejos Sohn getötet. Der Tod des Maya-Herrschers verschärfte die Feindseligkeiten zwischen den Einheimischen und den Spaniern weiter, und die Garnison in Chichén Itzá wurde im Sommer 1533 angegriffen. Die spanischen Truppen waren gezwungen, Ciudad Real aufzugeben und nach Westen in freundlichere Maya-Gebiete zu fliehen.

Die Xiu-Maya-Bevölkerung im Nordwesten der Halbinsel wurde zum wichtigsten Verbündeten der Spanier während ihrer Eroberungen. Ihr

Gebiet wurde zu einem sicheren Zufluchtsort für die Konquistadoren, die weiter versuchten, feindliche Regionen zu erobern. Montejo kehrte nach Campeche zurück, um freundlichere Beziehungen zu den dortigen Maya zu knüpfen, aber Gerüchte über die Expeditionen des Eroberers Francisco Pizarro in das Herzland der Inka in Südamerika begannen die Moral von Montejos Männern zu brechen. Während sowohl die Eroberungen der Azteken in Zentralmexiko als auch der Inkas in Peru enorme Reichtümer zutage gefördert hatten, war das Einzige, was Yucatán den Eroberern gebracht hatte, die feindselige örtliche Maya-Bevölkerung. Das Gold, das bei den ersten Expeditionen gefunden wurde, war zwar vielversprechend, aber viele Spanier hatten den Eindruck, dass sie versuchten, eine Kultur zu erobern, die keine Reichtümer besaß, die es wert gewesen wären, erobert zu werden.

Montejos Männer begannen, ihn wegen anderer Gelegenheiten in Amerika zu verlassen, und Montejo und sein Sohn kehrten in die Region des Golfs von Veracruz zurück. Montejo und Alvarado rivalisierten erbittert um den Gouverneursposten von Honduras, aus dem Alvarado schließlich als Sieger hervorging.

Ein Franziskanermönch namens Jacobo de Testera segelte in den Westen Yucatáns, um zu versuchen, die Einheimischen zu bekehren und friedlich in das spanische Reich zu integrieren. Testera, ein treuer Freund des Missionars Bartolomé de Las Casas, hatte die Grausamkeit der Eroberer aus erster Hand miterlebt und hoffte auf eine friedliche Kolonisierung Yucatáns. Diese Mission scheiterte jedoch bald. Nach seiner Ankunft in Champotón im Jahr 1535 standen sich der Ordensbruder und die dort stationierten Konquistadoren zunehmend feindselig gegenüber, und Testera war gezwungen, seine Bemühungen zur Missionierung des westlichen Yucatáns aufzugeben.

Nach der Abreise des Mönchs konnten die spanischen Streitkräfte in Champotón die örtlichen Maya-Fürsten zur Unterwerfung bewegen. Dies erwies sich jedoch als ein sehr kleiner Sieg, da die spanische Garnison isoliert zurückblieb, umgeben von einer lokalen Bevölkerung, die seit ihrer Ankunft nur noch feindseliger geworden war. Die bittere Realität der Eroberung Yucatáns entmutigte viele Konquistadoren, die die Aussicht auf die Eroberung des Maya-Kernlandes zunehmend aufgaben.

Die Ruinen einer Kirche, die mit Steinen aus Maya-Tempeln erbaut worden war.
*User:Vmenkov, CC BY-SA 3.0 <https://creativecommons.org/licenses/by-sa/3.0>, via Wikimedia Commons
https://commons.wikimedia.org/wiki/File:Dzibilchaltún%C3%BAn_-_Spanish_Church_-_P1110771.JPG*

Die Auswirkungen der Eroberung auf die Maya

Nach fast zwanzig Jahren der Eroberung der Halbinsel besetzten die Spanier nur noch einen isolierten Außenposten an der Westküste. Während in ganz Amerika unvorstellbare Mengen an Gold und Reichtümern gefunden wurden, schien Yucatán nicht nur eine der uneinnehmbarsten Regionen zu sein, sondern auch nicht genug Reichtum zu besitzen, um die Eroberungen überhaupt lohnend zu machen. Das Kernland der Maya, das noch wenige Jahrhunderte zuvor die größte Zivilisation Amerikas beherbergt hatte, wurde zunehmend als Verschwendung von Ressourcen, Leben und Zeit der Spanier angesehen.

Während die Spanier darüber nachdachten, was sie mit Yucatán anfangen sollten, kämpfte die Maya-Zivilisation ums Überleben. Seit der Ankunft der Spanier hatten Krankheiten aus der Alten Welt die Bevölkerung heimgesucht. Die Versuche der Spanier, die Maya-Bevölkerungen gegeneinander auszuspielen, hatten Erfolg, und nun sahen sich die Maya-Städte und -Dörfer, die sich jahrhundertelang als Freunde, Verbündete, Nachbarn und Verwandte betrachtet hatten, zunehmend als potenzielle Feinde an. Das Maya-Kernland war zwar nie völlig friedlich gewesen, doch das Eindringen der spanischen Eroberer in das zerbrechliche, zersplitterte politische Ökosystem von Yucatán schuf ein paranoides Umfeld, das jegliche Versuche der Maya, sich zur Verteidigung ihrer Heimat zu vereinen, verhinderte.

Krankheiten, Hungersnöte und politische Manipulationen hatten jeglichen Ansatz einer Maya-Einheit für immer zerstört, da jede Stadt und jedes Dorf in der neuen zerstörerischen Landschaft, die durch die spanischen Eroberungen entstanden war, ums Überleben kämpfte. Alles, was die Maya jetzt noch tun konnten, war, an ihrer kulturellen Orientierung festzuhalten, die noch fest etabliert war, und die nächste Ankunft der Eroberer im nördlichen Yucatán abzuwarten.

Die Kolonialisierung des nördlichen Yucatán

Montejos Sohn, Montejo der Jüngere, übernahm 1540 von seinem Vater die Kolonisierung des nördlichen Yucatán. Im folgenden Jahr brachte er seine Truppen zunächst nach Champotón und dann nach Campeche, wo er den ersten lokalen kolonialen Stadtrat von Yucatán gründete. Montejo der Jüngere wusste, dass er, um die Fehler der früheren Eroberungen der Halbinsel zu vermeiden, stabile lokale Verwaltungsstrukturen schaffen musste, die Kolonisten anziehen und eine dauerhafte spanische Kolonialpräsenz in der Region schaffen würden. Nachdem er den Rat gegründet hatte, wandte er sich an die lokalen Maya-Siedlungen und befahl ihnen, sich zu ergeben, was viele der lokalen Herrscher akzeptierten.

Der örtliche Herrscher der Canul-Maya blieb jedoch feindselig, und Montejo der Jüngere schickte seinen Cousin in ihre Stadt. Der zweite koloniale Stadtrat, Merida, wurde in der Nähe der Canul-Stadt gegründet, und die dort stationierten spanischen Truppen wurden von dem Canul-Herrscher angesprochen. Er hoffte, mit den Spaniern Frieden schließen zu können. Der Herrscher, Tutul Xiu, war von den Priestern beeindruckt, als diese die katholische Messe abhielten, und konvertierte sofort zum Christentum.

Die Unterwerfung von Tutul Xiu in Merida war einer der wichtigsten Momente der Eroberung Yucatáns. Tutul Xiu war einer der einflussreichsten Herrscher der Maya-Welt und seine Unterwerfung löste einen Dominoeffekt aus, da die Maya-Herrscher im gesamten westlichen Yucatán begannen, sich der spanischen Kolonialmacht zu unterwerfen. Während die Herrscher des östlichen Yucatán den Spaniern weiterhin feindlich gesinnt waren, verschaffte der wachsende Einfluss im Westen den Spaniern den nötigen Spielraum und die einheimischen

Verbündeten, die sie brauchten, um das gesamte Kernland der Maya vollständig zu erobern.

Spanische Truppen wurden nach Osten entsandt, wo viele Herrscher die Spanier friedlich akzeptierten, während diejenigen, die dies nicht taten, rasch besiegt wurden. Als diese Truppen die Maya im äußersten Osten Yucatáns erreichten, blieben viele von ihnen feindlich gesinnt und es gelang ihnen, unabhängig von der spanischen Autorität zu bleiben. Bis 1546 hatten die Spanier jedoch einen Großteil der westlichen und zentralen Teile des nördlichen Yucatán fest unter ihrer Kontrolle.

Im November 1546 führten die mächtigsten Maya-Fürsten der unabhängigen östlichen Regionen einen massiven, gut organisierten Aufstand gegen die spanischen Kolonialbehörden. Garnisonen und Kolonialniederlassungen im gesamten Westen wurden von Maya-Kriegern angegriffen, was zu schweren Verlusten auf beiden Seiten führte. Die Maya wurden schließlich in einer letzten großen Schlacht besiegt, und ein Großteil der Bevölkerung der westlichen Provinzen floh nach Süden in das zentrale und südliche Tiefland. Nach 30 Jahren der Eroberung hatten die Spanier schließlich den Norden Yucatáns erobert.

Kapitel 17: Die letzten Eroberungen

Da der Norden Yucatáns und der größte Teil des Hochlands nun fest unter spanischer Kontrolle standen, wurde das zentrale und südliche Tiefland, insbesondere das Petén-Becken, zur letzten noch bestehenden unabhängigen Maya-Region. Tausende von Maya aus der ganzen Region strömten unaufhörlich in die Region, um Hungersnöten, Krankheiten, Sklaverei und dem Kolonialsystem zu entkommen. Die Spanier sahen darin eine massive Bedrohung, da ihr Encomienda-System in hohem Maße auf die Arbeitskraft der einheimischen Bevölkerung angewiesen war.

Diese Region war das bei weitem am schwierigsten einzunehmende Gebiet in ganz Mittelamerika. Abgesehen von den dichten Regenwäldern gab es nur wenige Süßwasserquellen, die eine militärische Streitmacht während der Feldzüge hätten versorgen können, und die Siedlungen lagen in der Regel recht isoliert. Die Bewohner der Region, insbesondere die Itzá-Maya, waren die stärksten Krieger, denen die Spanier bisher in Amerika begegnet waren.

Mitte des 16. Jahrhunderts hatten die Itzá viele der Taktiken der Spanier von den Migranten gelernt, die aus dem nördlichen Yucatán und dem Hochland geflohen waren, und begannen, ihr Terrain zu ihrem Vorteil zu nutzen, indem sie die Konquistadoren mit einer „Hit-and-Run-Taktik" angriffen. Aufgrund des dichten Waldes in der Region wurden die Spanier ihres größten militärischen Vorteils beraubt: dem Einsatz von

Kavallerie. Der Rückgang des Handels in der Region und die zunehmende Isolation der Itzá-Gemeinden bedeuteten jedoch, dass es nur eine Frage der Zeit war, bis auch sie den Spaniern zum Opfer fielen.

Wie in Kapitel 12 beschrieben, begann die Eroberung des Petén-Beckens mit der Ankunft der Missionare in der Mitte des 16. Jahrhunderts Die Stadt Noh Petén war die letzte große Maya-Stadt, die von den Spaniern erobert wurde, bis sie im März 1697 endgültig fiel. Nach den ersten Eroberungen Yucatáns hielt die Region über 150 Jahre lang stand.

Nach einem jahrhundertelangen Aufstieg von den Olmekenstädten an der Golfküste zu den Stadtzentren im Tiefland war die große Maya-Zivilisation nun vollständig der spanischen Kolonialregierung ausgeliefert.

Schlussbemerkung

Die vollständige Eroberung des Maya-Kernlandes bedeutete nicht das Ende der Not für die Maya, vielmehr war dies erst der Anfang. Von der spanischen Krone bis zur modernen guatemaltekischen Regierung sollte das Maya-Volk noch viele Jahre der Ausbeutung und Unterdrückung erleben.

Was kann man also über die Maya-Zivilisation lernen und wie lassen sich diese Erkenntnisse in einem modernen Kontext nutzen? Was haben die steinernen Stufenpyramiden mit den modernen Wolkenkratzern in unseren Großstädten wie New York City oder Dubai zu tun? Wie kann ein uraltes Glaubenssystem, das aus mythischen Göttern besteht, etwas mit dem Leben im 21. Jahrhundert zu tun haben? Auch wenn die Maya-Zivilisation auf der Halbinsel Yucatán zu weit in der Vergangenheit zu liegen scheint, um daraus Lehren für das Heute zu ziehen, spiegelt die internationale Landschaft des 21. Jahrhunderts das alte politische System der Maya wider.

Die Maya verfügten über Fernhandelsrouten durch ganz Yucatán, die eine komplexe Wirtschaft in Mittelamerika schufen, die den internationalen Handelssystemen von heute sehr ähnlich ist. Wie könnte man den Konflikt zwischen Tikal und Calakmul untersuchen, ohne an den Kalten Krieg zwischen den USA und der Sowjetunion zu denken, in dem jede Seite Stellvertreterkriege führte und Bündnissysteme schuf, um die politische Vorherrschaft zu erlangen? Während die moderne internationale Forschung diejenige über die Maya in den Schatten stellt, lassen sich fast alle Themen der internationalen Ordnung des 21.

Jahrhunderts in der Maya-Zivilisation auf einem relativ kleinen Gebiet auf der Halbinsel Yucatán wiederfinden.

Viele der internationalen Probleme, mit denen die Gesellschaft heute konfrontiert ist – von Kriegen über Einkommensunterschiede bis hin zur Umweltzerstörung – werden oft als moderne Probleme betrachtet. Die Bedrohungen, mit denen die Maya-Zivilisation konfrontiert war, zeigen, dass viele dieser Probleme nicht erst im 21. Jahrhundert entstanden sind. Vielmehr handelt es sich um menschliche Probleme, die seit Anbeginn der Zeit Teil unserer Geschichte sind. Anstatt also die Lehren der alten Zivilisationen der Vergangenheit als „zu alt, um noch relevant zu sein" zu verurteilen, sollten wir die Probleme studieren, mit denen sie konfrontiert waren und wie sie sie bekämpft haben.

Im Glaubenssystem der Maya war die Zeit fest verankert. Die Maya waren nicht nur fasziniert, sondern geradezu besessen von ihr. Die Zeit wurde vor allem durch astronomische Beobachtung und Aufzeichnungen erforscht, um die landwirtschaftlichen Jahreszeiten zu verfolgen, religiöse Zeremonien durchzuführen und viele andere zeitabhängige Notwendigkeiten zu erfüllen.

Die zentrale Idee, die sich bei den Maya um die Zeit drehte, war der Glaube, dass ihr Universum schließlich von den Göttern zerstört und durch ein neues ersetzt werden würde. Bei all ihren verblüffenden astronomischen und mathematischen Theorien, ihrer atemberaubenden Architektur, die noch heute bestaunt wird, ihren lebendigen kulturellen Praktiken und ihrer Kunst, die mit allem konkurrieren konnte, was im zeitgenössischen Europa produziert wurde, war ihr Konzept der „Zerstörung des Universums" vielleicht das Einzige, was die Maya falsch verstanden.

Das Überleben und Gedeihen des Maya-Volkes von heute zeigt, dass Universen, Welten und Zivilisationen nie wirklich zerstört werden. Stattdessen durchläuft die Geschichte ein zyklisches Muster von Zerstörung, Versprengung und Erschaffung, das die Überreste des Alten mit den Erfindungen des Neuen verbindet.

Obwohl der Niedergang von Tikal und Calakmul die Zerstörung eines politischen Systems auf der gesamten Halbinsel und der großen urbanen Zentren dieser Epoche bedeutete, trugen ihre Bewohner die Reste dessen, was diese Städte groß gemacht hatte, in andere Regionen. Dort lernten die Maya aus den Fehlern der großen städtischen Zentren im Tiefland und profitierten von ihnen. Obwohl die spanischen Eroberer Yucatán mit ihrem Streben nach Eroberung und Missionierung verwüsteten, hielten die Maya an ihrer Kultur und Geschichte fest. Auch wenn die nahe gelegenen Städte und Dörfer spanische Namen tragen und die spanische Sprache gesprochen wird, haben die Maya ihren Platz im modernen mittelamerikanischen Leben gefunden und gleichzeitig an ihrem kulturellen Erbe festgehalten.

Die Maya-Zivilisation ist weder zusammengebrochen noch durch die brutalen Eroberungen der Konquistadoren ausgestorben. Sie hat trotz des apokalyptischen Zusammenbruchs in der Endphase der Klassik und der Eroberungen im 16. Jahrhundert überlebt. Das Überleben der Maya hat gezeigt, dass ein starkes, widerstandsfähiges kulturelles Fundament in den Menschen bestehen bleibt, egal wie apokalyptisch eine Bedrohung auch sein mag.

Es ist schwer, nicht auf die bittere Ironie hinzuweisen, dass, während der Katholizismus in der Bevölkerung Spaniens heute rückläufig ist, die traditionelle Kultur der ländlichen Maya-Völker ein fester, unaufhaltsamer Bestandteil ihres Lebens geblieben ist. Auch wenn die ungeheure Brutalität der spanischen Eroberungen und der Zusammenbruch der Maya-Stadtstaaten nicht sichtbar ist, so ist doch klar, dass die Götter der Maya auch heute noch über ihr Volk in Yucatán wachen.

Schauen Sie sich ein weiteres Buch aus der Reihe Enthralling History an.

Literaturverzeichnis

David Freidel. A Forest of Kings: The Untold Story of the Ancient Maya. William Morrow Paperbacks; January 24, 1992.

Matthew Restall. Invading Guatemala: Spanish, Nahua, and Maya Accounts of the Conquest Wars. Penn State University Press; January 15, 2008.

Lawrence H. Feldman. Lost Shores, Forgotten Peoples: Spanish Explorations of the South East Maya Lowlands. Duke University Press Books; February 5, 2001.

David Drew. The Lost Chronicles of the Maya Kings. University of California Press; March 20, 2000.

Elliot M. Abrams. How the Maya Built Their World: Energetics and Ancient Architecture. University of Texas Press; June 4, 2010.

Simon Martin, Nikolai Grube. Chronicle of the Maya Kings and Queens: Deciphering The Dynasties of the Ancient Maya. Thames & Hudson; April 28, 2008.

Michael D. Coe, Stephen D. Houston. The Maya (Ancient Peoples and Places). Thames & Hudson; June 16, 2015.

Richard Diehl. Olmecs: America's First Civilization (Ancient Peoples & Places). Thames and Hudson; December 31, 2004.

Michael D. Coe. America's First Civilization. Discovering the Olmec. American Heritage Association / Smithsonian; January 1, 1968.

Robert M. Rosenswig. The Beginnings of Mesoamerican Civilization: Inter-Regional Interaction and the Olmec. Cambridge University Press; December 28, 2009.

Francisco Estrada-Belli. The First Maya Civilization: Ritual and Power Before the Classic Period. Routledge; December 20, 2010.

Sarah E. Jackson. Politics of the Maya Court: Hierarchy and Change in the Late Classic Period. University of Oklahoma Press. May 24, 2013.

www.ingramcontent.com/pod-product-compliance
Lightning Source LLC
Chambersburg PA
CBHW070330010526
44107CB00004B/486